하나님의 지혜와 믿음으로 저를 기르신

사랑하는 나의 부모님

_____ 에게

감사와 존경의 마음을 가득 담아 전해 드립니다.

믿음으로 신앙의 명문가를 이어가는

성경적인 손주교육

The Greatest Mission
믿음으로 신앙의 명문가를 이어가는

성경적인 손주 교육

초판 1쇄 인쇄 2022년 2월 05일
초판 1쇄 발행 2022년 2월 15일

지은이 전영철
펴낸이 백도연
펴낸곳 도서출판 세움과비움

신고번호 제2012-000230호
주 소 서울 마포구 양화로길 73 6층
Tel. 070-8862-5683
Fax. 02-6442-0423
seumbium@naver.com

ISBN 978-89-98090-40-1 03200

값 14,500원

믿음으로 신앙의 명문가를 이어가는

성경적인 손주교육

전 영 철 지음

세움과 비움
Seum&Bium

4

Contents

,, 위기의 한국교회

우리나라의 기독교는 조선 시대 말인 1885년에 언더우드와 아펜젤러 선교사가 인천항을 통해 입국한 이후부터 본격적으로 시작되어 137년이 지났다. 믿음의 선조들이 일제 강점기와 6·25 전쟁과 같은 극심한 환난과 핍박 속에서도 믿음을 지키며 복음을 전한 결과 2022년 현재 북한을 제외한 우리나라에는 100년이 넘는 교회가 1천 300여 곳이 남아있다. 현재는 우리나라가 세계에서 두 번째로 많은 해외 선교사를 파송하고 있으며. 이는 선교사들과 믿음의 선조들이 눈물로 뿌린 복음이 풍성한 열매를 맺은 결과이다.

우리나라 기독교는 대체로 5가지 시대로 구분할 수 있다.
- 도입기(1885~1909) : 선교사가 입국하고 나서 강제적인 한일합방까지
- 암흑기(1910~1945) : 36년간의 일제 강점기
- 혼돈기(1945~1965) : 해방 후 6·25 전쟁을 거쳐 산업사회가 시작되기 전
- 부흥기(1966~1999) : 경제적 부흥과 함께 교회가 크게 성장한 시기
- 정체기(2000~현재) : 교인 수가 더 이상 증가하지 않는 시기

우리나라 기독교의 정체는 2000년대부터 나타난 젊은이들의 비혼주의(非婚主義)와 저출산의 영향과 맞물린다. 게다가 2020년 1월부터 유행하기 시작한 '코로나19'는 현장 예배를 어렵게 만들고 있다. 이로 인해 인력과 장비가 부족한 개척 교회와 미자립 교회는 온라인 예배를 드리는데 많은 어려움을 겪는다. 많은 교회 지도자들은 이런 상태가 오래 지속되면 '코로나19'가 종료된 후에도 교회 출석률이 크게 낮아질 것이라고 염려하고 있다. 교회의 정체기를 넘어서 쇠퇴기가 도래할 수도 있다는 우려이다.

,, 기독 조부모의 위대한 임무(The Greatest Mission)

사람들은 죽기 전에 꼭 해보고 싶은 일의 목록을 버킷 리스트(bucket list)라고 부른다. 버킷 리스트의 순서는 사람마다 다르다. 젊은 사람들은 해외여행을 떠난다거나 맛있는 음식을 먹는 것을 리스트의 상단에 올리기도 한다. 노인들은 편안한 노년을 지내는 것과 후손들에게 많은 재물을 물려주는 것을 우선순위에 둔다.

하지만 기독 조부모들의 버킷 리스트의 최상단에는 언제나 후손들에게 올바른 믿음을 물려주는 것이 차지해야 한다. 세월이 흘러도 변하지 않을 믿음을 전해주는 '성경적 손주 양육'이 리스트의 첫 줄에 기록되어야 한다. 단순히 목록을 기록하는 것에만 머무르지 않고 반드시 실천해야 할 목록이다.

성경적 손주 양육의 대표적 인물인 요셉과 나오미, 로이스처럼 손주를 신앙적으로 양육해야 하며. 손주에게 조부모가 믿는 하나님을 가르쳐 주어야 한다. 손주에게 신앙을 가르쳐 주는 데는 조부모의 사회적인 지위나 경제력, 학력이 문제가 되지 않는다. 손주들의 신앙에 관심이 있고 그들을 사랑하는 마음을 가지고 있으면 된다. 이는 조부모가 이 땅에서 실행해야 할 위대한 임무(The Greatest Mission)이다. 성경적 손주 양육이야말로 조부모에게 주어진 가장 중요한 임무인 동시에 조부모가 누릴 수 있는 특권이다. 그러기 위해서는 조부모가 먼저 신앙적으로 바로 서야 하며 가정과 교회에서 신앙의 중심이 되어야 한다.

가정과 교회가 어려울 때 꼭 필요한 것은 노년 세대의 지혜와 헌신이다. 우리나라 교회의 암흑기와 혼돈기를 살아온 조부모들이 가정과 교회를 위해 기도해야 한다.

🎵 성경적 손주 교육

필자가 성경적 손주 양육에 관심을 가진 것은 첫 손주가 태어난 2009년부터이다. 손주를 신앙적으로 양육하는데 필요한 정보를 얻기가 쉽지 않았다. 부모가 자녀를 신앙적으로 양육하는 데 도움이 되는 책은 많으나, 손주를 성경적으로 양육하는 내용을 다루는 책은 구하기가 어렵다. 우리나라에서 성경적 손주 양육에 관한 첫 번째 책일지도 모르는 이 책은 나의 사랑하는 손자 에디와 손녀 엘라, 외손녀 서현이가 신앙적으로 잘 자라기를 바라는 마음을 가지고 집필했다. 또한 책의 내용 중 일부는 필자가 지난 10여 년 동안 교회와 단체에서 강의하고, 방송과 신문 잡지에 기고한 것들을 수정, 보완한 것이다.

이 책은 손주를 양육하는 조부모뿐만 아니라 후손들에게 신앙을 물려주기를 원하는 모든 그리스도인을 위한 책이다. 1부는 조부모는 누구이며, 손주는 누구인가에서부터 시작하여 조부모가 왜 손주를 양육해야 하는가에 대한 것이며, 2부는 조부모의 역할에 대해 말하며, 그중에서도 예수를 믿는 기독 조부모의 역할을 살펴보고 있다. 3부는 조부모가 손주에게 마땅히 가르쳐 주어야 할 7가지를 「예배(WORSHIP)- 예배(Worship), 순종(Obedience), 회개(Repentance), 헌신(Sacrifice), 역사(History), 교육(Instruction), 기도(Prayer)」로 정리했다. 4부는 손주의 신앙교육을 성공적으로 수행하기 위한 조건들이다. 마지막으로 부록에는 성장한 손주에게 필요한 믿음의 명문가를 이어가는 방법을 정리해 두었다.

성공적인 신앙교육을 위해서는 조부모가 행복하고, 젊은 부모가 행복해야 하며, 손주가 행복해야 한다. 조부모와 젊은 부모가 서로 사랑하고, 조부모와 손주가 서로 사랑하며 신뢰할 뿐만 아니라 젊은 부모와 손주가 사랑하는 가정에서는 하나님이 기뻐하시는 아름다운 신앙의 세대 계승이 이루어질 수 있다. 3대가 같은 꿈을 꾸고, 같은 방향으로 나아갈 때 성공적인 믿음의 대물림이 가능하다.

야곱이 손자를 축복하듯이, 애굽 총리를 지낸 할아버지 요셉이 손자를 무릎에 앉히고 신앙을 가르쳐 준 것같이 인생 3막을 살아가는 조부모의 역할은 손주에게 믿음을 물려주고 그들을 축복해 주는 것이어야 한다. 성경적 손주 양육은 조부모에게는 큰 기쁨인 동시에 영광이 되고, 손주에게는 가장 귀한 유산이 된다.

조상으로부터 물려받은 믿음의 유산을 잘 이어가고, 후손들에게 잘 물려주는 '믿음의 명문 가문들'에게는 영적인 능력(Spiritual POWER). 「기도(Prayer), 순종(Obedience), 예배(Worship), 교육(Education), 기록(Record)」이 있다. 이 능력은 세상이 알지도 못하고, 줄 수도 없는 능력이다. 하나님을 섬기는 백성, 예수를 구주로 영접한 사람만이 누릴 수 있는 특별한 능력이다. 이 책이 독자들에게 성경적 손주 양육에 대한 관심을 불러일으키는 계기를 제공하기를 원한다.

조부모학교장 **전영철**

1부

조부모는 누구인가?

🍃 조부모는 믿음의 조상이다

오늘날의 조부모는 가정과 교회, 사회에서 과거와 같은 권위를 가지고 있지 않다. 과거에 가졌던 권위는 사회가 발전하면서 점차 줄어들어 오히려 지금은 가족의 중심 인물이 아니라 주변인으로 살아가고 있다. 이들이 평생 축적한 지식은 첨단사회에서는 효용성이 줄어들고 이들의 지혜와 경험마저 평가 절하되고 있는 상황이다.

그러나 성경은 조부모를 공경하고 그들의 지혜를 따르라고 말씀하신다. 하나님께서는 조부모에게 가정의 어른으로서 역할 뿐만 아니라 제사장 역할을 맡기셨다. 조부모에게는 후손들에게 하나님을 섬기는 법을 가르쳐 줄 의무와 책임을 부여하신 것이다. 후손들을 위한 축복의 통로가 되라고 하시며 후손들의 복을 위해 기도하는 것이 중요하다고 말씀하신다. 조부모가 후손들을 사랑하고 그들의 미래를 위해 도와주는 것은 조부모들에게 주어진 최고의 임무인 동시에 책임이다.

아브라함의 하나님, 이삭의 하나님, 야곱의 하나님이 조부모의 하나님이 되어야 하고, 조부모의 하나님이 젊은 부모의 하나님, 손주의 하나님이 되는 가정은 하나님이 기뻐하시는 가정이다. 조부모는 레갑의 가문처럼 자손 대대로 하나님만 섬기며 그의 말씀에 순종하는 믿음의 명문 가문이 되도록 기도해야 한다.

믿음이 대를 이어 후손에게 전해지는 것은 매우 중요한 일이다. 즉, 자녀를 신앙적으로 양육하지 않는 것은 하나님의 명령을 어기는 것

이다. 그리고 믿음의 조상이요, 선지자인 조부모를 공경하는 것은 후
손들이 장수하고 복을 받는 비결이다. 하나님은 성공적인 믿음의 세
대 계승을 위한 조부모의 울며 부르짖는 기도를 들어주신다.

1. 한국의 교회와 조부모의 권위가 무너지고 있다

〃 한국교회에 위기가 다가오고 있다

대한민국에 1885년 4월 5일, 언더우드와 아펜젤러 선교사가 이 땅에 발을 들여놓은 후 수많은 교회가 세워져 복음이 전파되고 있다. 서울에는 수천 명이 모이는 교회가 많이 있다. 수만 명이 모이는 교회도 여럿 있으며 지방 대도시에도 수천 명이 모이는 대형교회가 드물지 않다. 또 미국에 이어 세계에서 두 번째로 많은 선교사를 해외에 파견할 정도로 한국의 기독교는 부흥 하였다. 이는 하나님이 주신 축복의 열매이자, 자랑이며 선교사와 믿음의 선조들이 복음 전파에 힘을 쏟은 결과다.

그러나 이러한 외형상의 발전에도 불구하고 한국교회는 위기라고 한다. 도시에서 대형교회가 늘어나는 만큼 미자립 교회와 문을 닫는 교회의 숫자가 늘어나며 농촌교회는 고령화되어 언제 교회 문을 닫게 될지 걱정이 많다. 또 주일학교가 없는 교회가 전체 교회 중 60%가 넘는다는 통계도 있으니 이런 상태가 계속되면 우리나라 기독교의 성장은 고사하고 쇠퇴할 수 있다는 위기감이 적지 않다.

한국교회의 위기에는 세 가지 원인이 있다

한국의 교회는 믿음의 선조들이 생명처럼 소중히 여기던 첫사랑을 많이 잃어버렸다. 경제가 발전함에 따라 물질적으로 부유해지면서 스스로 버린 것들도 적지 않다. 지금 우리가 할 일은 선조들이 물려준 첫사랑을 어디에서 잃어버렸는지를 찾는 것이고. 회복하는 것이다. 말씀으로 돌아가서 믿음 위에 굳게 서야 한다. 그렇지 않으면 우리나라 기독교가 처한 현재의 위기는 해결할 수 없으며, 유럽의 기독교처럼 쇠퇴의 길을 걷게 될 것이다.

우리나라 기독교가 직면하고 있는 어려움에는 크게 세 가지가 있다.

첫째는 인구감소에 따른 교인의 감소이다. 젊은이들의 비혼(非婚)주의와 만혼(晩婚)의 영향, 낮은 출산율 때문이다. 지금 대한민국 대학들이 직면하고 있는 문제도 낮은 출산율이 원인이다. 고등학교 졸업자 수가 급속하게 줄어들면서 많은 대학이, 특히 지방대학들은 입학 정원을 채우지 못해 존폐 위기에 처해 있다. 교회도 비슷한 길을 걷고 있다. 교인이 적은 지방의 작은 교회를 시작으로 문을 닫는 교회가 하나둘씩 늘어나고 있다.

둘째는 복음화율의 저하에 따른 교인의 감소다. 이는 부모의 신앙을 자녀들이 이어가지 않기 때문에 일어나는 현상이다. 이는 출산율 감소로 인한 기독교인의 감소보다 더 심각한 현상이다.

셋째는 물질만능주의와 종교 다원주의의 확산과 교회의 세속화이다. 그러므로 자녀들에게 올바른 신앙을 전해주는 것이 매우 중요하며, 교회가 세상의 잘못을 고쳐나가는 빛과 소금의 역할을 잘 감당해야 한다.

조부모의 부담은 커지고 권위는 줄어들고 있다
❯❯ 조부모, 낀 세대가 되다

21세기의 조부모들은 기대수명이 100세를 바라보는 시대에 살고 있다. 의학과 과학의 발달로 이전 세대보다 건강한 노년을 보내고 있지만 이들의 삶은 녹록하지 않다. 인생 3막을 시작하는 60대 전후의 젊은 조부모들은 노년 세대와 젊은 세대의 중간에 낀 세대(Sandwich Generation)가 되고 있다. 그들은 '부모를 봉양하는 마지막 세대인 동시에 자녀로부터 도움을 받지 못하는 처음 세대'라고 불리기도 한다. 이들은 부모의 생활비와 의료비를 지원하는 것은 물론이고 자녀들의 학자금을 비롯하여 결혼 자금과 집 장만이나 손주들의 학자금을 지원하는 사례도 적지 않다. 그러나 현대의 조부모들은 그들에게 부여된 책임과 의무에 비해, 가족이나 사회로부터 그에 합당한 배려와 존중을 받지 못하고 있다.

이는 최근 50여 년 사이에 우리나라가 급속한 경제발전을 이루면서 사회 곳곳에서 많은 변화가 일어났기 때문이다. 대표적인 것이 가족제도의 변화다. 3대가 한 지붕 아래에서 살던 대가족 제도에서 부부 중심의 핵가족 제도로, 그리고 1인 가구가 늘면서 조부모의 역할과 위상도 함께 변했다. 이를 잘 보여주는 연구 결과가 있다. 2019년 11월에 초록우산 어린이재단에서 발표한 자료를 바탕으로 우리나라 청소년들은 문제가 생길 때 상담할 수 있는 인물은 어머니, 친구, 아버지, 없음의 순으로 나타났다. 조부모는 청소년들의 상담 대상, 어디에도 등장하지 않는다. 그만큼 조부모의 권위가 줄어들고 후손들에게 좋은 영향을 주지 못하고 있다는 증거다. 이는 핵가족제도와 1인 가구의 증가로 인해 조부모와 손주가 소통하는 기회가 줄어들었기 때문이기도 하다.

〃 조부모의 역할이 변하고 있다

조부모들이 직장에서 은퇴가 본격적으로 시작되는 인생 3막은 손주 양육의 시작이 되는 시기이기도 한다. 우리나라 맞벌이 가정의 자녀 중 60%가 조부모의 손에서 양육되고 있다는 조사결과도 있다. 이때 조부모들은 손주와 함께 지내면서 자신들이 쌓아온 지식과 경험들을 손주들에게 전하거나 직접 교육한다. 이처럼 가정에서 조부모에 의해 이루어지는 가정교육을 조선 시대에는 세대를 뛰어넘는 교육, 즉 **격대교육**(隔代敎育, Skipped Generation Education, Grandparenting)이라고 했다. 이러한 격대교육이 가정교육의 중심이었다.

조부모가 손주를 양육하기 위해서는 많은 것을 포기하고 큰 희생을 치러야 할 수도 있다. 손주 양육에는 정해진 기간이 없는 것이 큰 특징이다. 젊은 부모의 요청이 있고, 조부모의 의지와 건강이 허락하는 한, 세상을 떠날 때까지 계속할 수도 있다. 이것은 장점인 동시에 단점이 된다.

장점으로는 손주 양육이 조부모가 젊은 부모와 손주에게 사랑을 베푸는 기회가 된다는 것이다. 조부모들이 손주들에게 선한 영향력을 끼치는 기회이기도 하다. 단점으로는 조부모의 건강이 좋지 않거나 경제적인 여유가 없을 때 손주 양육에 집중할 수 없게 된다.

미국 시카고대학의 노이가튼(Neugarten)과 와인스타인(Weinstein) 교수가 70쌍의 조부모를 대상으로 조부모의 역할을 연구한 결과(1964년)를 발표한 바에 따르면 조부모들 스스로가 생각하는 자신들의 역할에는 다섯 가지가 있다. 한편 콘하버(Kornhaber)와 우드워드(Woodward)는 손주들(5~18세)이 조부모를 어떤 인물로 생각하고 있는지에 대한 연구 결과를 발표했다(1981). 두 연구 결과를 표로 정리하면 다음과 같다.

조부모가 생각하는 조부모의 역할 (노이가튼/와인스타인)	손주가 생각하는 조부모의 역할 (콘하버/우드워드)
전형적인 조부모 손주와 함께 놀아주는 조부모 대리부모형 조부모 가족 지혜의 근원형 조부모 원거리형 조부모	가정의 역사가 멘토 롤모델 마법사 양육자/위대한 부모

(조부모의 역할)

이처럼 손주 세대와 조부모 세대 간에는 조부모의 역할에 대한 생각의 차이가 있다. 조부모의 입장에서는 자신의 권위를 유지하면서 손주에게 유익한 것을 전해주려고 하는 반면 손주는 자기들과 친하게 지내며 함께 놀아주는 친근한 조부모를 원하고 있다. 따라서 손주를 양육하는 조부모는 손주가 기대하는 조부모의 역할을 참조하면 좋은 결과를 얻을 수 있다.

기독 조부모의 역할을 지키자

” 기독 조부모의 위상이 흔들리고 있다

한국교회에서 조부모 세대들은 교회 부흥의 주역이었다. 동시에 그들은 한국교회 쇠퇴의 원인 제공자라는 불명예를 안고 있다. 선교사들이 이 땅에 처음으로 발을 디딘 이후 130여 년이 지난 지금 우리나라 교회는 초대 교인들의 신앙을 버렸다는 평가를 받고 있다. 선조들이 목숨처럼 지키려고 했던 많은 믿음의 유산들을 버린 결과, 교회는 많은 어려움에 직면하고 있다.

일제의 압박과 6·25 전쟁의 참상 속에서도 믿음을 지켜왔던 선조들의 신앙을 요즘에는 찾아보기 어렵다는 말을 심심치 않게 듣는다. 극심한 가난을 경험한 조부모들은 현재의 경제발전을 이루는데 기여했지만, 후손들의 신앙교육을 제대로 하지 못해 신앙적으로는 빈곤해졌다는 평가를 받기도 한다.

기독 조부모의 위상에 관한 충격적인 연구 결과가 있다. 기독교연합신문이 창간 26주년을 맞아 실시한 설문조사를 보면 자신의 신앙생활에서 가장 큰 영향을 끼치는 사람은 어머니로 나타났다. 다음이 교회 친구/선후배, 목회자, 아버지이고 학교 친구/선후배, 교회학교 선생님, 형제/자매, 기타 순으로 나타나고 있다.

이 여론조사의 설문 항목에는 가족 중 한 세대가 빠져 있다. 가정의 어른인 조부모와 관련된 항목이 들어있지 않다. 손주들이 조부모를 신앙생활에 별 영향을 끼치지 못하는 사람으로 생각하기 때문이다. 후손들의 신앙 모델인 동시에 멘토 역할을 하는 조부모의 영적 권위가 낮아졌음을 보여주는 결과다. 초록우산 어린이재단이 2019년에 실시한 여론조사에도 비슷한 결과가 나왔다. 이는 조부모가 손주의 신앙생활에 영향을 끼치지 않을 뿐만 아니라 자신들의 인생의 멘토 대상으로도 생각하지 않음을 나타내는 것이다. 가정과 사회의 어른으로 존경받아야 할 조부모들의 초라한 현주소이다. 우리나라 맞벌이 가정의 자녀 중 60%가 조부모 손에서 자라고 있다는 사실에 비추어 보면 다소 충격적인 결과이다.

청소년들의 상담대상 (2019년 초록우산 어린이재단)	자신의 신앙생활에 영향을 끼치는 사람 (2014년 기독교연합신문)
어머니(37.9%) 친구(37.8%) 아버지(10.3%) 없음(8%)	어머니(47.2%) 교회 친구/선후배(12%) 목회자(11.9%) 아버지(9.8%)

(청소년들의 삶과 신앙에 영향을 끼치는 사람들)

이처럼 조부모의 영향력이 설문 항목에 들어가지 못할 정도로 관심을 받지 못하는 이유는 크게 네 가지다. 첫째, 조부모가 가정에서 믿음의 제사장 역할을 제대로 하지 못하기 때문이다. 둘째, 조부모가 손주의 신앙생활에 관심을 가지지 않았기 때문이다. 셋째, 조부모의 신앙생활이 후손들에게 존경받지 못하기 때문이다. 넷째, 조부모와 젊은 부모, 조부모와 손주 사이에 세대 간 소통이 부족하거나 관계 형성이 서툴기 때문이다.

맥콜(Larry E. McCall)이 『Grandparenting with Grace』(은혜로운 조부모 역할)에서 "현대의 조부모 세대는 조부모 역할에 대해 제대로 교육을 받은 적이 없다."라고 했다. 이는 손주를 신앙적으로 양육하기 위해서는 조부모를 대상으로 하는 신앙교육이 선행되어야 한다는 의미이다.

" 손주 신앙교육의 골든타임을 지켜라

그렇다면 예수를 믿는 기독 조부모들은 가정에서 자신들의 역할이 무엇이라고 생각하고 있을까?

멀비힐(Mulvihill, 2018년)의 연구에 따르면 기독 조부모들은 손주들에게 지지하는 동반자(Supportive Partner), 사랑하는 친구(Loving Friend), 제자로 육성하는 사람(Disciple-Maker), 격려하는 사람(Encouraging Voice)이 자신들의 바람직한 역할이라고 생각하는 것으로 나타났다. 이 연구 결과에 따르면 자신들의 역할이 손주를 신앙적으로 교육하고 훈련하는 것이라고 생각하는 조부모는 24%에 불과하다. 이는 76%에 해당하는 조부모의 관심이 손주의 신앙교육보다는 친밀한 관계를 유지하는 것에 더 많이 있음을 나타낸다.

반면에 손주들이 원하는 조부모의 역할은 조부모 자신들의 생각과는 차이가 있다. 카하나(Kahana & Kahana, 1970년)가 85명의 어린이를 대상으로 한 연구에 의하면 아이들의 나이에 따라 원하는 조부모의 역할은 다르게 나타나고 있다. 4~5세 어린이는 너그러운 조부모, 8~9세 어린이는 활동적이며 함께 놀아주는 조부모를 원하는 반면, 11~12세의 어린이는 조부모와 약간의 거리를 두기 원하는 것으로 나타나고 있다. 따라서 조부모가 손주에게 믿음을 전해줄 황금기는 조부모와 거리를 두기 원하는 시기 이전까지 임을 알 수 있다.

아이가 사춘기에 접어들어 신앙적으로 방황하기 시작하는 10대 중반까지 올바른 신앙교육이 이루어지는 것이 중요하다. 실제로 영국에서는 14세 이전에 주님을 영접한 사람이 전체 교인 중에 74%를 차지한다고 한다. 반면 우리나라에서는 중학교 때 교회를 많이 떠난다는 통계가 있다.

부모를 대신하여 손주를 양육하는 조부모는 다음 세대에게 믿음을 전해주어야 한다. 조부모가 어린 손주에게 신앙을 가르치는 것은 미래에 큰 투자 효과를 얻게 해 준다. 사랑하는 손주를 하나님을 알지 못하는 영적인 고아로 만들 수는 없다. 자신은 천국에 들어가기 위해 열심히 노력하면서도 후손들의 신앙에 대해서는 무관심한 조부모는 악한 조부모이다. 이러한 조부모의 신앙은 하나님이 기뻐하지 않으시는 위선적인 신앙에 불과하다.

2. 조부모는 축복의 통로이다

자녀는 하나님의 선물이다
99 손주는 조부모의 왕관이다

"손자는 노인의 면류관이요 아비는 자식의 영화니라"(잠 17:6)

아이들은 "하나님 나라의 주인"이다(막 10:14).

자녀는 여호와의 기업이며 하나님이 주신 상급이다(시 127:3).

함께 식사하는 자녀는 어린 감람나무와 같다(시 128:3).

손자는 노인의 왕관이며 동시에 아버지는 자식의 영화(잠 17:6)라고 성경은 말씀하고 있다. 이는 조부모와 부모, 손주는 서로 혈육으로 연결되어 있기 때문이다. 따라서 세상의 모든 손주는 환영과 사랑을 받아야 한다.

손주를 잘 키운 노인은 손주 덕분에 사람들에게 칭찬을 받는다. 사회적으로 성공한 후손을 둔 조부모는 주변 사람들의 부러움을 사게 된다. 한 세대의 성공은 다음 세대의 자랑이요, 기쁨이다.

이처럼 예나 지금이나 손주는 조부모에게는 귀한 후손이고 최고의 사랑을 받는 존재이다. 조부모의 손주 사랑은 그들을 축복하며 믿음의 유산을 물려주는 것으로 나타난다. 손주가 조부모에게 왕관이듯이 하나님의 말씀에 순종하는 조부모는 존재 자체만으로도 손주에게 축복이다.

,, 손주는 출발이 다른 세대다

손주는 조부모와는 출발점이 다르다. 두 세대는 그들이 살아온 세월의 길이만큼이나 큰 차이를 가지고 있다.

첫째, 절대빈곤을 경험하지 않은 세대이다. 그들은 배고픔이나 궁핍함을 모르고 자라는 세대이다. 그들의 삶은 과거 세대에 비해서 풍요롭다. 그들은 세계 어느 곳에 가도 기죽지 않는 당당한 세대이다.

둘째, 그들은 신앙의 박해를 받지 않은 세대이다. 일제 강점기와 6·25 전쟁과 같은 고난과 혼돈의 시기에 목숨을 걸고 믿음을 지켜야 했던 믿음의 선조들의 어려움을 경험하지 못한 세대이다.

셋째, 첨단 기술에 능통한 세대이다. 첨단산업이 발달한 21세기에 출생한 그들은 컴퓨터와 스마트폰 같은 최첨단 기기는 물론이고 세계를 하나로 묶어주는 인터넷을 자유자재로 사용하며 살고 있다.

넷째, 손주들은 세속화의 거센 물결 속에서 영적인 혼란을 겪으며 살아가고 있다. 진화론과 종교 다원주의뿐만 아니라 동성연애를 용인하는 사회 풍조로 인해 성경 말씀대로 살아가는 데 많은 어려움에 직면하고 있다.

조부모들은 여러 가지 면에서 출발이 다른 손주 세대를 품어야 한다. 조부모가 살아온 길과 손주들이 살아갈 길이 다름을 인정하고 그에 알맞은 신앙교육을 해야 한다. 자라나는 손주 세대가 신앙적으로 건전하게 성장할 수 있도록 지도하고 격려해야 할 책임이 있다.

후손 축복은 조부모의 특권이며 거룩한 임무이다

2018년 5월에 아내와 함께 미국을 다녀왔다. 결혼 후 처음으로 떠나는 부부동반 해외여행이었다. 아들의 로스쿨 졸업식에 참석하기 위해 미국을 다녀온 것이다. 1주일간의 여행 마지막 날, 손자에게 기도해 주기 위해 손자 방으로 갔다. 막 잠이 들려고 하는 손자에게 할아버지가 기도해 주기 원한다는 말을 하자마자 초등학교 3학년이던 손자는 자리에서 벌떡 일어나 무릎을 꿇고 두 손을 모았다. 누워있으면 기도해 주겠다고 했으나 아이는 어느새 옷을 가다듬고 눈을 감았다.

손자의 손을 꼭 잡고 하나님께 간절히 기도한 후 아이를 안아 주면서 사랑한다고 말해주었다. "우리가 서로 떨어져 살지만, 할아버지와 할머니는 손자를 언제나 기억하며 너를 위해 항상 기도한다."고 말하자 손자는 "할아버지 감사합니다. 할아버지 사랑해요!"라고 말했다.

26

손자가 다시 잠자리에 들고 난 후 조용히 아이 방을 나왔다.

아이가 신앙적으로 잘 자라는 모습을 보며 하나님께 감사했다. 아들 부부가 손자를 믿음으로 잘 키우고 있다는 생각이 들었다. 손자와 함께 기도하며 손자를 축복해 줄 수 있어서 정말 행복했다.

〃 자녀 축복은 하나님의 명령이다

"²³아론과 그의 아들들에게 말하여 이르기를 너희는 이스라엘 자손을 위하여 이렇게 축복하여 이르되 ²⁴여호와는 네게 복을 주시고 너를 지키시기를 원하며 ²⁵여호와는 그의 얼굴을 네게 비추사 은혜 베푸시기를 원하며 ²⁶여호와는 그 얼굴을 네게로 향하여 드사 평강 주시기를 원하노라 할지니라 하라 ²⁷그들은 이같이 내 이름으로 이스라엘 자손에게 축복할지니 내가 그들에게 복을 주리라"(민 6:23-27)

하나님께서는 모세에게 제사장인 아론과 그의 아들들을 통해 이스라엘 백성을 축복하라고 하셨다. 그들이 백성들에게 복과 은혜, 평강을 주시기를 축복하면 하나님께서는 그들의 축복 기도를 들으시고 백성들에게 복을 주시겠다고 약속하셨다.

하나님께서는 손주를 키우는 조부모에게 가정의 제사장 역할을 감당하기를 원하시며, 그들을 통해 손주들에게 축복하기를 원하신다. 손주들의 이름을 불러가며 축복해 줄 때 하나님께서는 그 기도를 들어 주신다. 사랑이 담긴 조부모의 축복 기도는 손주들의 신앙에 훌륭한 밑거름이 되며 조부모의 축복을 받으며 자라는 아이들은 결코 하나님을 잊어버리거나 떠나지 않게 된다. 조부모가 손주를 위해 축복하는 것은 하나님의 명령에 순종하는 것이다.

자녀를 양육할 때 축복의 언어는 큰 힘을 발휘한다. 언어의 축복과 더불어 축복의 메시지가 행동으로 나타날 때 자녀들의 삶에 좋은 영향을 끼치게 된다. 자녀를 안아 주면서 축복하거나, 머리에 두 손을 얹거나 손을 마주 잡고 축복을 하면 하나님께서는 손주들에게 복을 주실 것이다.

장신근은 『통전적 신앙과 생애주기별 기독교 교육』에서 "조부모가 손자녀를 위하여 드리는 축복 기도는 매우 중요한 신앙적, 교육적 의미를 지닌다. 손자녀들은 조부모의 애정 어린 축복을 통하여 하나님의 사랑을 간접적으로 체험하고 어려움을 극복해 낼 수 있는 용기와 힘을 얻게 된다."라고 강조하고 있다. 조부모가 손주를 위해 기도하는 것은 손주의 신앙에 큰 도움이 된다는 뜻이다.

자녀에게 축복해 주면 하나님께서 복을 주신다는 약속의 말씀을 믿고 마음을 담아 후손에게 축복해 줘야 한다. 손주에게 축복 기도를 한다는 것은 조부모에게 주어진 임무인 동시에 축복이고 특권이다.

이장식 교수는 국민일보에 기고한 "역경의 열매"라는 글에서 "새벽에 일어나면 지금 흩어져 있는 자녀들과 손자 손녀들, 그리고 함께했던 동역자들, 외국에 나가 있는 선교사들 이름을 하나하나 떠올린다. 매일 이들을 위해 기도한다. 그들도, 나도, 아내도 마지막 날까지 하나님을 경외하고 하늘을 우러러보며, 주님 주신 소명대로 맡은바 충성을 다하며 살아가길 기도한다. 삶의 고단함 가운데서도 늘 쉴만한 물가로 인도하시는 주님을 의지하며 삶 속에 하나님의 은혜가 충만하길 기원한다."라고 했다. 그는 매일 새벽 후손을 위해 기도하는 것이 가장 중요한 자신의 삶이라고 고백하고 있다. 하나님께서 그에게 100세의 장수를 주신 것은 믿음의 선조들이 어떤 노년의 삶을 살아야 하는 가를 보여주시기 위해서다.

99 손자와 아들을 축복한 야곱

"내가 애굽으로 와서 네게 이르기 전에 애굽에서 네가 낳은 두 아들 에브라임과 므낫세는 내 것이라 르우벤과 시므온처럼 내 것이 될 것이요"(창 48:5)

"15 그가 요셉을 위하여 축복하여 이르되 내 조부 아브라함과 아버지 이삭이 섬기던 하나님, 나의 출생으로부터 지금까지 나를 기르신 하나님, 18 나를 모든 환난에서 건지신 여호와의 사자께서 이 아이들에게 복을 주시오며 이들로 내 이름과 내 조상 아브라함과 이삭의 이름으로 칭하게 하시오며 이들이 세상에서 번식되게 하시기를 원하나이다"(창 48:15-16)

젊은 시절 야곱은 자기 욕심을 채우기 위해서 사람을 속이는 것을 서슴지 않았다. 장자의 축복을 받기 위해서 형과 아버지를 속였고, 재물을 위해서는 외삼촌을 속였다. 그러나 노년의 야곱은 축복의 사람으로 변했으며 하나님께서 야곱을 이스라엘로 바꾸시고 속이는 자가 아닌 축복의 통로가 되게 하셨다.

나이든 야곱은 요셉과 함께 병문안을 온 두 손자 므낫세와 에브라임에게 축복했다(창 48:5, 15-16). 그의 축복 기도에는 세 가지 중요한 내용이 포함되어 있다.

첫째, 손자 에브라임과 므낫세를 자기의 아들로 입양했다. 애굽 여인에게서 태어난 두 손자를 아들로 입양함으로써 아브라함의 후손으로 당당하게 살아가도록 만들어 주었다.

둘째, 두 손자에게 자기가 섬기는 하나님은 할아버지 아브라함과 아버지 이삭이 섬기던 하나님이며 오늘날의 자신을 있게 해 준 분이라고 고백했다. 자신을 세상에 태어나게 해 주셨을 뿐만 아니라 지금까지 길러주시고 환난과 핍박으로부터 보호해주신 분이라는 신앙 간증이다.

셋째, 두 손자가 자기 가문의 후손이 되어 자손이 번성하게 해 달라는 자녀 축복 기도이다. 자기의 손자인 동시에 아들이 된 두 손자에게 다른 자손과 차별 없이 복된 삶을 살아가도록 해 달라고 기도하였다.

두 손자를 축복해 준 야곱은 자신의 열두 아들을 불러모아서 그들의 장래에 일어날 일을 말해주었다(창 49:1-28). 야곱의 유언인 동시에 축복이었다. 우리의 관심을 끄는 것은 28절의 말씀이다.

"이들은 이스라엘의 열두 지파라 이와같이 그들의 아버지가 그들에게 말하고 그들에게 축복하였으니 곧 그들 각 사람의 분량대로 축복하였더라"(창 49:28)

이 말씀은 야곱이 자기 아들에 대해 잘 알았다는 것을 의미하고 있다. 야곱은 아들의 과거 행동과 장점, 단점을 잘 파악하였기에 그들에게 적합한 축복을 해 줄 수 있었다. 수천 년이 지난 후인 20세기에 하버드 대학의 가드너 교수가 발표한 다중지능의 밑바탕이 되는 말씀이다. 후손을 사랑하는 부모와 조부모는 그들에게 획일적인 축복이 아니라 그들이 하나님으로부터 물려받은 달란트를 잘 계발하여 하나님께 영광을 돌릴 수 있는 축복을 해야 한다.

조상의 순종이 후손에게는 축복이다
,, 순종이 축복의 시작이 되다

"¹⁶이르시되 여호와께서 이르시기를 내가 나를 가리켜 맹세하노니 네가 이같이 행하여 네 아들 네 독자도 아끼지 아니하였은즉 ¹⁷내가 네게 큰 복을 주고 네 씨가 크게 번성하여 하늘의 별과 같고 바닷가의 모래와 같게 하리니 네 씨가 그 대적의 성문을 차지하리라"(창 22:16-17)

하나님께서는 아브라함을 부르시고 자손 대대로 복을 주시겠다고 약속하셨다(창 12:1-3). 그것은 아브라함에게 무슨 특별한 장점이 있거나 믿음이 있어서가 아니었다. 하나님의 일방적인 부르심과 축복이었다.

아브라함은 묵묵히 하나님의 말씀에 순종했다. 때때로 아브라함은 인간적인 판단으로 행동하다가 심한 어려움을 겪었지만. 하나님께서는 아브라함을 사랑하셨고 복을 주셨다. 아브라함은 100세에 얻은 이삭을 번제로 바치라는 하나님의 명령에도 온전히 순종했다. 하나님은 외아들 이삭을 바치려는 아브라함의 순종을 보시고 이삭을 살려주시고 축복하셨다(창 22:16-17). 아브라함의 후손과 더불어 전 인류에게도 복을 주시겠다고 축복하셨다. '믿음의 조상'이 된 아브라함의 온전한 순종을 통해 그의 후손뿐만 아니라 천하 만민이 하나님의 축복을 받게 되었다.

99 대를 이어 축복하자

우리의 어린 손주에게 누군가는 하나님의 말씀을 전해야 한다. 올바른 신앙교육을 해야 한다. 조부모가 그들의 영혼 구원을 위해 밤낮으로 눈물 흘리며 하나님께 기도해야 한다. 조부모가 하나님 앞에 바로 서는 신앙의 모델이 될 때 손주들은 신앙으로 바로 서게 될 것이다.

지금 당신의 믿음이 선조로부터 물려받은 것이라면 그분들에게 감사하자. 조상으로부터 물려받은 믿음과 신앙유산을 잘 지키고 후손들에게 잘 물려주도록 노력하자. 만약 당신이 가정에서 믿음의 1세대이면 믿음의 조상이 될 수 있는 기회를 주신 하나님께 감사하자. 좋은 믿음의 전통을 확립하여 후손들에게 물려주도록 노력하면 믿음의 명문 가문을 이루는 토대를 놓는 복을 누리게 된다.

몇 대째 믿음의 대를 이어오고 있는가는 중요하지 않다. 내 마음속에 어떤 하나님이 계신가가 중요하다. 자녀를 축복한 적이 없거나 축복해 줄 생각을 해본 적이 없다면 오늘부터라도 그들을 위해 기쁜 마음으로 축복하면 자신이 행복해진다.

"옛날을 기억하라 역대의 연대를 생각하라 네 아버지에게 물으라 그가 네게 설명할 것이요 네 어른들에게 물으라 그들이 네게 말하리로다"(신 32:7)

조부모의 임무는 신앙의 전달자이다(잠 13:24, 15:5, 23:14, 신 32:7, 욜 1:3). 조부모는 후손들에게 축복의 통로이며 동시에 사랑의 징검다리 역할을 한다. 또 무한 반복되는 인생의 릴레이 경주에서 후손들에게 믿음의 바통을 넘겨주는 역할도 한다. 바통의 재료가 금이든 흙이든 재료의 문제를 뛰어넘어 하나님의 말씀으로 채워진 바통을 넘겨주는 역할을 해야 한다. 조부모들이 할 일은 조상들로부터 배우고 들은 바를 후손들에게 잘 전해주는 것에 있다.

"화 있을진저 외식하는 서기관들과 바리새인들이여 너희는 천국 문을 사람들 앞에서 닫고 너희도 들어가지 않고 들어가려 하는 자도 들어가지 못하게 하는도다(마 23:13)

"화 있을진저 너희 율법 교사여 너희가 지식의 열쇠를 가져가서 너희도 들어가지 않고 또 들어가고자 하는 자도 막았느니라 하시니라(눅 11:52)

예수님께서는 외식하는 서기관들과 바리새인, 그리고 율법 교사들이 잘못된 믿음으로 말미암아 자신들은 물론이고 예수를 믿고 구원받아 천국에 들어갈 수 있는 사람들을 방해하는 악한 사람들이라고 책망하셨다(마 23:13, 눅 11:52). 조부모의 잘못된 판단과 신앙 때문에 천국의 문이 닫혀서는 안 된다. 조부모의 불순종으로 인해 후손들이 벌을 받아서도 안 된다. 후손들이 천국에 들어가는 데 걸림돌이 되어서도 안 된다. 후손들이 믿음의 건물을 지을 수 있도록 주춧돌을 제공하는 조부모가 훌륭한 조부모이다.

3. 조부모는 기도하는 사람이다

손주를 위해 기도하라

❞ 조부모의 기도는 손주의 신앙에 기초가 된다

"하나님이여 내가 늙어 백발이 될 때에도 나를 버리지 마시며 내가 주의 힘을 후대에 전하고 주의 능력을 장래의 모든 사람에게 전하기까지 나를 버리지 마소서"(시 71:18)

시편 71편 18절은 다윗이 후손에게 신앙을 전하고 가르칠 수 있도록 은혜를 베풀어 달라는 기도이다. 후손에게 하나님의 힘과 능력을 전하는 것이 조부모의 임무라는 고백이다.

조부모는 손주의 믿음과 영혼 구원을 위해. 손주의 건강과 지혜를 위해서도 기도해야 한다. 캔필드(Ken R. Canfield)는 『The Heart of Grandparenting(조부모 역할의 핵심)』에서 "기도는 손주들의 삶에 우리가 할 수 있는 최고의 투자다. 매일 일정한 시간을 정해 놓고 기도하는 습관을 가지면 좋다"라고 말한다. 조부모의 기도가 손주들의 삶에 가장 중요한 역할을 한다는 뜻이다. 손주가 거짓 스승과 잘못된 학문에 빠지지 않으며 세상의 유혹에 넘어가지 않게 해달라고 기도하는 것은 조부모의 임무요, 귀한 선물이다.

장기려 박사에게 신앙적으로 가장 큰 영향을 끼쳤던 사람은 바로 할머니였다. 그는 3살 때부터 12살 때까지 할머니와 함께 살았다. 할머니는 어린 손자를 데리고 날마다 가정예배를 드렸다. 또 매일 아침 어린 손자를 등에 업고 새벽예배에 참석하여 손자를 위해 기도했다. 할머니의 기도 내용은 간단하지만 깊은 뜻을 가지고 있었다. "이 금강석이 자라나 하나님의 나라와 현실 나라에 크게 쓰이는 일꾼이 되게 하소서"라는 할머니의 기도는 장기려 박사에게 큰 감동을 주었다. 할머니의 기도는 장기려 박사가 대한민국으로 피난을 와서 사는 동안 그의 마음속에 늘 살아 있었다. 그는 할머니의 기도대로 의사로서 병든 사람을 위해 최선을 다했고, 가난한 사람들을 위해 헌신하며 살았다.

🔾🔾 손주와 함께 기도하라
외손녀가 초등학교 1학년에 다닐 때였다. 잠자리에 들기 전에 함께 기도 제목을 나누는데 자기 친구가 감기에 걸려서 고생하는데 할아 버지가 하나님께 기도해 달라고 부탁을 했다. 그 마음이 정말 예뻐서 친구의 어려움을 위해 기도하는 것은 좋은 일이라고 칭찬을 해 준 후 함께 기도한 적이 있다. 내가 한 것은 단순히 아이 친구를 위한 기도 였지만 아이는 할아버지가 자기 친구를 위해 기도해 준다는 것에 매 우 만족한 표정을 지었다.

손주를 위해 기도하거나 손주와 함께 기도할 때 그들이 어떤 기도 를 원하는지 의견을 교환하는 것이 좋다. 조부모와 손주가 함께 기도 함으로써 세대 간에 원활한 소통을 이루어갈 수 있을 뿐만 아니라 손 주에게 기도하는 습관과 방법을 자연스럽게 전해주는 아주 훌륭한 방법이다.

젊은 부모를 위해 기도하라
,, 자신의 믿음을 이어갈 젊은 부모를 위해 기도하라

나는 기도할 때마다 결혼한 자녀들의 가정을 위해 기도한다. 하나 님께서 그들에게 올바른 믿음을 허락해달라고 기도한다. 자손 대대 로 믿음의 가문을 이루어갈 수 있게 해 달라고 기도한다.

얼마 전 미국에 있는 아들과 전화 통화를 하던 중 아들의 한 가지 고백을 들을 수 있었다.

"아버지, 제가 요즘 자녀를 키우는데 저도 모르게 아버지의 육아 방식을 사용하고 있다는 것을 발견했습니다. 아이들 훈육하는 방법이나 말투가 아버지를 닮아가고 있습니다. 아버지, 정말 고맙습니다. 저를 이렇게 신앙적으로 잘 키워주신 것처럼 저도 아버지를 따라 자녀를 신앙적으로 잘 키우도록 노력하겠습니다."

조부모가 손주를 위해 기도하는 것은 매우 중요하다. 그에 못지않게 젊은 부모(성인 자녀)를 위해서 기도하는 것도 중요하다. 젊은 부모의 믿음이 바로 설 때 자기의 자녀를 믿음으로 잘 양육할 수 있다. 손주를 위한 조부모와 젊은 부모의 합심 기도는 하나님이 기뻐하시고 응답해 주신다.

❝❝ 손자를 축복하는 것은 아들을 축복하는 것과 같다

"¹⁵ 그가 요셉을 위하여 축복하여 이르되 내 조부 아브라함과 아버지 이삭이 섬기던 하나님, 나의 출생으로부터 지금까지 나를 기르신 하나님, ¹⁶ 나를 모든 환난에서 건지신 여호와의 사자께서 이 아이들에게 복을 주시오며 이들로 내 이름과 내 조상 아브라함과 이삭의 이름으로 칭하게 하시오며 이들이 세상에서 번식되게 하시기를 원하나이다"(창 48:15-16)

성경은 손자를 축복하는 것이, 아들을 축복하는 것이라고 이야기한다. 야곱은 요셉을 위하여 요셉의 두 아들 므낫세와 에브라임을 축복해 주었다. 이는 손자를 축복하는 것이 아들을 축복하는 것이요, 아들을 축복하는 것이 손자를 축복하는 것이다. 할아버지와 아들, 손자가 서로 연결되어 있음을 의미한다. 야곱은 요셉을 위하여 두 손자를 축복함으로써 두 손자 앞에서 요셉의 권위를 높여주었으며 동시에 후손을 축복해 주는 것이 조부모의 소중한 임무임을 가르쳐 주었다. 자기 아들을 사랑하고 축복해 주는 아버지를 누가 싫어하겠는가? 야곱이 두 손자를 축복한 것은 손주를 사랑하는 조부모들에게 좋은 모델이 된다.

조부모의 신앙을 후손에게 잘 전하고 싶다면 중간 세대인 젊은 부모를 위해 기도해야 한다. 그들은 조부모의 뒤를 이어 신앙의 대를 이어가고 동시에 다음 세대에게 믿음을 전해주는 인물이기 때문이다. 자녀들에게 가장 큰 영향을 주는 젊은 부모의 구원과 올바른 신앙은 중요하다. 젊은 부모가 영적으로 건강해야 믿음의 세대 계승이 잘 이루어질 수 있으며 한 가정의 믿음을 모든 세대가 공유하는 것이 중요하기 때문이다.

조부모가 손주와 젊은 부모에게 줄 수 있는 가장 귀한 선물은 쉬지 않는 기도가 되어야 한다. 조부모가 그들을 위해 매일 하나님께 기도한다는 사실만으로도 그들에게는 힘이 되고, 좋은 믿음의 모델이 되기 때문이다.

교회와 민족을 위해 기도하자

99 위기의 한국교회를 위해 기도하자

한국의 기독교인들은 일제 강점기와 6·25 전쟁을 믿음으로 이겨낸 경험이 있다. 그들은 일제의 박해와 인민군의 살해 위협에도 굴하지 아니하고 나라의 광복과 전쟁의 승리를 위해 기도했다. 캄캄한 골방에 숨어서 기도했고, 예배당에 모여 목숨을 걸고 기도했다. 그러나 많은 사람이 한국의 기독교는 여러 면에서 위기의 징조가 나타나고 있다고 말하는 이유는 다음과 같다.

첫째, 해마다 교인이 조금씩 줄어들고 있으며, 낮은 출산율이 교인의 자연 감소를 빠르게 진행되고 있다.

둘째, 2020년 1월부터 불어닥친 '코로나 19'의 광풍이 장기간 지속되면서 교인이 줄어들고 교회가 사회로부터 점점 분리되고 있다.

셋째, 개인주의와 종교 다원주의의 확산으로 인해 젊은 사람들의 교회 출석이 낮아지고 있다.

따라서 위기에 직면하고 있는 한국의 교회 지도자들과 조부모들은 가정과 교회를 위해 기도해야 한다. 후손들이 믿음으로 바로 성장하도록 기도하는 것이 필요하다. 하루에 단 1분이라도 가정과 교회, 그리고 나라를 위해 손주의 손을 잡고 기도할 수 있어야 한다. 교우들과 함께 눈물 흘리며 기도하는 시간을 가져 보자. 삶이 바빠서 조용히 기도할 시간을 가지지 못했다면 이제부터라도 하나님께 기도하는 시간을 가져야 한다. 하나님 앞에 나가서 죄를 회개하고 하나님의 은혜를 구해야 한다.

99 지도자가 먼저 기도해야 한다

성경에는 국가와 민족이 하나님 앞에 죄를 범했거나 위기에 처할 때 지도자가 하나님 앞에 무릎을 꿇고 기도하는 장면이 나온다. 자신은 하나님의 규례와 율례를 지키며 살았지만, 백성들이 우상을 숭배하거나 죄를 범한 것을 자신의 죄로 여기고 하나님 앞에 나아가 백성의 죄를 대신해서 자백하고 회개하는 신실하고 진심으로 백성을 사랑하는 지도자의 모습이다.

모세가 위대한 지도자로 불리는 이유는 그의 믿음 때문이다. 그들은 백성이 죄를 짓거나 나라가 어려움에 처했을 때 목숨을 걸고 하나님께 기도했다. 하나님께서는 자기 백성을 자기 목숨보다 더 귀하게 여긴 지도자의 기도를 들어 주셨다.

"³¹ 모세가 여호와께로 다시 나아가 여짜오되 슬프도소이다 이 백성이 자기들을 위하여 금신을 만들었사오니 큰 죄를 범하였나이다 ³² 그러나 이제 그들의 죄를 사하시옵소서 그렇지 아니하시오면 원하건대 주께서 기록하신 책에서 내 이름을 지워 버려 주옵소서"(출 32:31-32)

모세는 백성의 죄를 하나님께 고백하고 죄악을 사해 달라고 간구했다. 하나님께서 백성의 죄를 용서해 주지 않으시면 하나님께서 기록하신 책에서 자기 이름을 지워달라고 기도했다(출 32:31-32). 백성들과 자기 자신을 동일체로 여기며 백성을 용서해 주지 않으시면 자신도 백성과 함께 지옥으로 가는 벌을 받겠다는 각오를 밝힌 것이다.

"나는 너희를 위하여 기도하기를 쉬는 죄를 여호와 앞에 결단코 범하지 아니하고 선하고 의로운 길을 너희에게 가르칠 것인즉"(삼상 12:23)

심지어 사무엘 선지자는 지도자가 기도를 쉬는 것은 죄를 짓는 것이라고 했다(삼상 12:23).

조부모는 손주에게 기도의 중요성과 더불어 지도자의 덕목에 대해 가르쳐야 한다. 이스라엘의 지도자들처럼 가정과 교회의 지도자인 조부모들이 가족과 민족의 죄를 가지고 하나님 앞에 나아가 눈물로 회개의 기도를 해야 한다. 손주를 위해 하나님께 간절히 기도하고 가슴을 치며 울며 기도하고 회개하는 조부모의 기도를 하나님께서는 들어주실 것이다. 우리 힘으로 해결할 수 없는 어려운 일을 당할 때뿐만 아니라 항상 기도하며 하나님의 도우심을 구하는 믿음을 하나님은 기뻐하신다.

오 할레스비는 『기도』에서 조부모 기도의 중요성에 대해 다음과 같이 말한다.

"친구여, 당신이 귀한 자녀들에게 돈이나 물건으로 물려줄 유산이 없다고 염려하지 마십시오, 또는 자녀들에게 많은 재산을 물려주려고 육체적으로나 정신적으로 한사코 애쓰지도 마십시오. 오직 밤낮으로 그들을 위해 기도하도록 하십시오. 그러면 그들에게 풍부한 기도의 응답을 유산으로 물려줄 것입니다."

손주를 위한 조부모의 기도는 그들에게 좋은 믿음의 유산이 된다.

4. 조부모는 믿음의 조상이다

다윗의 길, 아합의 길

"히스기야가 그의 조상 다윗의 모든 행실과 같이 여호와 보시기에 정직하게 행하여"(대하 29:2)

"아비얌이 그의 아버지가 이미 행한 모든 죄를 행하고 그의 마음이 그의 조상 다윗의 마음과 같지 아니하여 하나님 여호와 앞에 온전하지 못하였으나"(왕상 15:3)

"바아사가 여호와 보시기에 악을 행하되 여로보암의 길로 행하며 그가 이스라엘에게 범하게 한 그 죄 중에 행하였더라"(왕상 15:34)

유다와 이스라엘의 역대 왕에 대한 기록인 열왕기에 등장하는 왕들에 대한 평가 기준은 다윗 왕의 길과 여로보암의 길, 아합의 길이다. 남쪽 유다 왕에 대해서는 '다윗 왕의 길'이고 북이스라엘 왕에 대해서

44

는 '여로보암의 길'과 '아합의 길'이 평가 기준이다.

유다 왕 중에 하나님의 말씀에 순종하며 그의 명령에 따라 나라를 잘 다스리면 "여호와 보시기에 정직하게 행하여 그의 조상 다윗의 길로 걸으며 좌우로 치우치지 아니하고"라는 말로 다윗 왕의 길을 따랐다고 평가하고 있다. 이처럼 긍정적인 평가를 받은 왕은 아사(왕상 15:11), 히스기야(왕하 18:3), 요아스, 요시야(왕하 22:2) 등이다.

그와 반대로 부정적인 평가를 받는 경우는 '다윗 왕의 길을 따르지 아니하고'라고 기록하고 있다. 르호보암의 아들 아비얌(왕상 15:3), 요아스의 아들 아마샤(왕하 14:3), 아하스(왕하 16:2) 등이 부정적인 평가를 받은 유다 왕이다.

이스라엘 왕 중에 하나님의 뜻을 거역한 왕에게는 '여로보암의 길'을 따라 행했다고 평가한다. '여로보암의 길'을 따랐다는 평가를 받은 왕은 그의 아들 나답(왕상 15:26), 바아사(왕상 15:34), 시므리(왕상 16:19), 오므리(왕상 16:26), 여호아하스(왕하 13:2), 여호아하스의 아들 요아스(왕하 13:11), 여로보암의 아들 스가랴(왕하 15:9), 므나헴(왕하 15:18), 브가히야(왕하 15:24), 베가(왕하 15:28)가 있다.

여로보암 왕보다 더 나쁜 평가는 '아합 왕의 길'을 따라 행했다고 기록하고 있다. 아합 왕은 여로보암의 모든 길로 행했던 오므리의 아들로서 "느밧의 아들 여로보암의 죄를 따라 행하는 것을 오히려 가볍게 여기며 시돈 사람의 왕 엣바알의 딸 이세벨을 아내로 삼고 가서 바알을 섬겨 예배하고"(왕상 15:31)라고 평가를 받는 왕이다. '아합의 길'을 따랐던 왕은 유다 왕으로서 아합의 딸과 결혼한 여호람(왕하 8:18, 대하 21:13), 여호람의 아들 아하시야(왕하 8:27, 대하 22:3) 등이다.

유다와 이스라엘 왕들이 그들의 조상인 다윗 왕과 여로보암 왕, 아합 왕이 행했던 길을 기준으로 능력과 행적을 평가받는 것처럼 우리의 후손들도 조부모가 걸었던 길을 기준으로 그들의 신앙을 평가받게 될 수도 있다. 누구누구의 손주라는 평가가 명예로운 평가가 되어야 할 것이다.

믿음의 유산을 남겨라

어느 날 교회 청년과 잠시 이야기를 할 기회가 있었다. 대화 도중에 필자가 최근 10년 넘게 전국을 돌아다니며 설립 역사가 100년이 넘은 교회 1천여 곳을 방문하면서 보고 들은 것을 간단하게 전해주었다.

"우리나라(북한 제외)에는 2020년 현재 설립 역사가 100년이 넘는 교회가 약 1,300개에 이르고 있다. 그중에는 수십 명의 순교자를 배출한 교회도 있고, 3·1 만세운동에 앞장선 교회도 있다. 교회 설립 초기에 지은 예배당을 지금까지 잘 보존하는 교회도 있다. 실제로 전라북도 김제 금산교회는 1910년대에 지은 교회가 지금도 잘 보존되어 있다. 이 교회는 남자와 여자의 좌석이 공간적으로 분리되어 있다. 유교의 영향을 받던 시절이라 예배당을 기역자(ㄱ)로 지어서 남자와 여

46

자가 서로 얼굴을 볼 수 없는 상태에서 예배를 드렸다. 교인들은 설교자를 볼 수 있으나 남자와 여자는 얼굴을 볼 수 없게 만들어 놓았다. 경상북도 영천 자천교회는 정방형(ㅁ)으로 된 공간에 남자와 여자 좌석 중간에 널빤지로 공간을 분리해 놓았다. 자천교회는 교회 앞마당에 들어올 때부터 남자와 여자를 분리하기도 했다."

이런 이야기를 들은 그 청년은 놀라워했다. 청년은 한 번도 그런 이야기를 들어본 적이 없다고 했다. 젊은 세대에게 조상들이 남겨준 믿음의 유산에 대한 교육이 필요한 이유이다.

,, 여호와만 섬기라

"그러므로 이제는 여호와를 경외하며 온전함과 진실함으로 그를 섬기라 너희의 조상들이 강 저쪽과 애굽에서 섬기던 신들을 치워 버리고 여호와만 섬기라"(수 24:14)

모세가 이스라엘 백성을 이끌고 홍해를 건널 때 여호수아는 모세를 따랐다. 모세의 뒤를 이어 이스라엘의 지도자가 된 여호수아의 주된 임무는 요단강을 건너 하나님께서 주시겠다고 약속하신 가나안 땅을 정복하는 것이었다. 가나안 땅을 정복한 여호수아는 모세의 지시대로 각 지파에게 땅을 분배한 후 이스라엘 백성의 지도자와 온 백성을 모아놓고 그들에게 축복한 후 유언을 했다. 이스라엘 백성들이 애굽과 광야에서 섬기던 우상을 버리고 하나님만 섬기라고 했다(수

24:14). 여호수아의 관심은 오로지 자기가 죽고 난 뒤에도 이스라엘 백성들이 하나님의 말씀에 순종하는 백성으로 살아가는 것이었다. 이스라엘 백성들이 출애굽 하면서 어떤 모습을 보였는지를 잘 알고 있었기 때문에, 자기가 죽고 난 뒤에 그들이 다시 과거로 돌아가서 우상숭배에 빠지게 될까 두려웠던 것이었다. 여호수아의 유언은 믿음 위에 굳게 서서 하나님만 섬기며 그의 말씀에 순종하라는 것이었다.

,, 나의 원수를 갚아다오

"네 지혜대로 행하여 그의 백발이 평안히 스올에 내려가지 못하게 하라"(왕상 2:6)

다윗은 '하나님의 마음에 합한 자'라는 말을 들을 정도로 하나님의 말씀에 순종하며 살았다. 그는 어린 솔로몬에게 왕위를 물려주면서 유언을 남겼다(왕상 2:1-9). 그는 자신이 이룩해 놓은 왕국을 자신의 후손들이 오랫동안 이어받기를 원하면서 유언을 하였다. 그러나 그의 유언에는 '하나님의 마음에 합한 자'의 믿음의 모습보다는 인간적인 욕망이 많이 포함되어 있다. 다윗의 유언은 크게 세 가지로 구분할 수 있다.

첫째, 모세의 율법을 잘 지켜 자손 대대로 내가 물려주는 왕국을 다스리라고 했다. 둘째, 자신에게 해를 끼친 요압과 시므이를 죽이라고 했다. 셋째, 자신이 어려움을 당할 때 도움을 준 바르실래의 자녀들을

48

환대하라고 부탁했다.

하나님의 마음에 합한 자인 다윗의 유언은 야곱의 유언과 모세, 여호수아, 레갑의 유언과는 많은 차이가 있다. 유언의 차이는 후손들의 신앙생활의 차이로 연결된다. 믿음으로 살라는 유언을 남겨도 죄를 짓는 것이 인간의 연약함인데, 다윗은 자녀에게 자신의 원수를 용서하라는 말 대신에 원수를 죽이라는 유언을 남겼다.

,, 솔로몬, 신앙 유산 계승에 실패하다

"여호와께서 솔로몬에게 말씀하시되 네게 이러한 일이 있었고 또 네가 내 언약과 내가 네게 명령한 법도를 지키지 아니하였으니 내가 반드시 이 나라를 빼앗아 네 신하에게 주리라"(왕상 11:11)

다윗 왕의 뒤를 이어 이스라엘의 왕위에 오른 솔로몬은 지혜로운 인물의 대명사가 되었다. 솔로몬은 부모들의 기도에 가장 많이 등장하는 인물이다. 솔로몬처럼 지혜로운 자녀가 되게 해 달라는 기도이다. 그런 솔로몬에 대해서는 긍정적인 평가와 부정적인 평가가 있다. 긍정적인 면은 하나님께 일천번제를 드린 것과 지혜를 구한 그의 믿음이다. 하나님께서는 솔로몬의 기도대로 그에게 지혜를 주셨을 뿐만 아니라 그가 구하지 아니한 지식, 부와 재물, 영광도 함께 주셨다(대하 1:12, 11-12). 그는 세상 누구보다도 지혜로웠으며 아버지 다윗 왕이 이루지 못한 하나님의 성전을 건축했다.

부정적인 면으로는 믿음을 잃어버린 솔로몬 왕이 노년에 보인 행동이다. 그는 아버지 다윗 왕의 유언을 충실히 수행했으나 자신의 힘이 강해지고 거대한 왕국을 이룩하자 하나님을 섬기는 대신 우상숭배에 빠졌다(왕상 11:4-5). 왕궁에 거하던 수많은 여인들이 섬기던 우상을 섬기기 시작하면서 솔로몬은 다윗의 유언을 잊어버리고 하나님을 배반했다. 하나님께서 두 번이나 직접 경고하셨지만, 하나님의 말씀을 제대로 깨닫거나 회개하지 아니하고 계속해서 우상을 섬기는 죄를 저지르고 그 죄로 인해 다음 세대에서 나라를 쪼갤 것이라는 하나님의 경고에도 불구하고 솔로몬은 죄를 뉘우치거나 회개하지 않았다(왕상 11:9-11).

솔로몬의 노년은 하나님이 기뻐하시는 삶이 아니었다. 향락과 우상숭배에 빠진 솔로몬은 하나님에 대한 처음 사랑을 잃어버렸다. 자녀에게 올바른 신앙을 물려주거나 축복하지도 않았다. 그는 자신이 남긴 수많은 잠언의 말씀대로 살지 아니하였다. 말과 행동이 다른 유산을 남긴 것이다.

그러기에 솔로몬 왕의 뒤를 이어 왕이 된 그의 아들 르호보암은 아버지로부터 올바른 신앙을 물려받지 못했다. 그는 '하나님의 마음에 합한 자'라고 칭찬받았던 다윗 할아버지의 길을 따르지 않았다. 결국 그는 노인들의 조언을 무시하고 백성들을 협박하다가 이스라엘 왕국 12지파 중 10개 지파를 여로보암에게 빼앗기고 나머지 유다 지파와 베냐민 지파 2개 지파만 다스리는 왕이 된다. 이스라엘은 여로보암이

다스리는 북이스라엘과 르호보암이 다스리는 남유다로 쪼개져서 수백 년 동안 전쟁을 치렀다. 하나님의 말씀에 순종하지 않고 우상숭배를 한 솔로몬의 불순종과 죄악이 나라가 갈라지고 어려움에 처하게 되는 단초가 된 것이다.

믿음을 대물림하자
,, 믿음의 유산을 잘 지키자

"⁸우리가 레갑의 아들 우리 선조 요나답이 우리에게 명령한 모든 말을 순종하여 우리와 우리 아내와 자녀가 평생 동안 포도주를 마시지 아니하며 ⁹살 집도 짓지 아니하며 포도원이나 밭이나 종자도 가지지 아니하고 ¹⁰장막에 살면서 우리 선조 요나답이 우리에게 명령한 대로 다 지켜 행하였노라"(렘 35:8-10)

레갑 가문의 자손들은 조상이 남긴 신앙의 유산을 300년 넘게 철저하게 지키면서 살았다. 레갑의 후손들이 조상들의 가르침을 지키려고 하는 모습 속에서 가정에서의 올바른 신앙교육이 축복으로 이어지게 되는 것을 발견하게 된다.

레갑 종족은 본래 이스라엘 종족이 아니라 겐 종족 출신으로서 모세의 장인 호밥의 후손들이다(삿 1:16). 레갑의 아들 요나답은 후손들에게 어떻게 신앙생활을 해야 하는지를 구체적으로 지시했다. 포

51

도주를 마시지 않은 것은 물론이고 집도 짓지 말고 장막에서 살라고 했다. 토지도 소유하지 말고 파종을 하거나 종자도 가지지 말라고 명령했다. 세상 사람들처럼 물질적으로 풍부하고 편안한 삶을 사는 대신에 나실인이 지켜야 할 규율보다 더 엄격한 규율을 지키라고 한 것이다. 현실적으로 따르기가 쉽지 않은 명령이다.

그의 후손들은 300년이 넘는 세월 동안 조상이 정해준 신앙 규범을 따라 살며 하나님을 섬겼다(렘 35:8-10). 남편만 지킨 것이 아니라 아내와 자녀들 모두가 순종했으며 레갑의 후손들은 어려운 여건 속에서도 조상들이 물려준 믿음을 지키며 살았다. 그들의 이런 믿음은 선지자 예레미야를 통한 시험에도 흔들리지 않았다. 그들은 비록 선지자의 명령이라 할지라도 자신들이 대대로 지켜오던 믿음의 규범을 범하지 않는 믿음의 후손들이었다. 그들의 구별된 삶은 하나님으로부터 칭찬을 받았으며 그 후손들이 영원히 하나님의 일을 감당하는 축복의 통로가 되었다.

,, 신앙을 잘 물려주자

아브라함, 레갑 가문과 같이 믿음의 대물림을 성공적으로 이루는 방법에는 다음과 같은 세 가지 방법이 있다. 첫째, 어릴 때부터 신앙 교육을 하는 것이 필요하다. 3대가 함께 거주하는 가정의 경우에는 조부모들이 손주들의 신앙에 좋은 영향을 줄 수 있는 기회가 많다. 식사시간이나 가족 여행을 하는 기회를 이용하여 자연스럽게 조부모의 신앙 역사를 들려주거나 하나님의 말씀을 전해 줄 수 있다. 어릴 때부터 식사 기도를 하는 것이나 잠자리에 들기 전 기도를 하면 아이들이 기도에 대한 좋은 습관을 가지게 되며 손주들과 함께 성경을 읽거나 찬송을 부르는 것도 아이들의 신앙훈련에 많은 도움이 된다.

둘째, 개인과 가정의 신앙 역사를 말과 글로 남기는 것이 좋다. 시간이 날 때마다 가문과 자신의 신앙 역사를 기록하는 것도 자녀들에게 믿음을 물려주는 좋은 방법에 속한다. 신앙을 갖게 된 동기를 비롯해서 신앙생활을 하는 동안 경험했던 하나님의 은혜를 기록하면 자녀들의 신앙생활에 많은 도움을 줄 수 있다. 가문의 신앙 역사를 정리하는 것은 후손들의 신앙생활에 많은 도움이 된다.

셋째, 유언이나 축복 기도문을 남기는 것이다. 야곱이 에브라임과 므낫세를 축복해 주었듯이 조부모의 진심이 담긴 축복 기도문을 남기면 후손들의 신앙에 많은 도움이 된다. 재물을 많이 남기는 것도 좋지만 진심이 담긴 유언을 남기는 것이 더 좋다. 자신의 신앙고백이 담긴 유언은 후손들의 신앙생활에 좋은 안내자의 역할을 한다. 조부모의 축복을 받으며 자란 아이들은 자신들도 자녀를 축복해 줄 수 있다.

기독 조부모들은 자신의 믿음을 후손에게 잘 물려주어야 한다. 조부모는 가정의 믿음의 조상이기 때문이다. 또한 좋은 믿음, 훌륭한 믿음을 물려주도록 노력하는 가운데 조부모의 믿음도 성장하게 될 것이다.

2부

조부모는 손주 신앙의 스승이다

99 조부모는 믿음의 모범이 되어야 한다

조부모는 손주에게 어떤 인물인가? 손주들이 세상에서 편안하게 살아가는데 필요한 재정적인 지원을 하는 인물일까? 자녀들의 성공 조건 가운데 하나가 '조부모의 경제력'이라는 이야기도 심심치 않게 들리기도 한다. 실제로 재산이 많은 조부모는 손주가 태어나면 축하금으로 수십억 원에 이르는 건물을 선물로 준다고 한다.

일본은 조부모가 일정한 범위 안에서 손주의 교육비를 지원할 때 비과세하는 제도를 한시적으로 도입한 적이 있다. 2013년부터 시행된 '교육자금 일괄증여 비과세 제도'는 30세 미만의 손주에게 1인당 약 1억 5천만 원(약 1,500만 엔)까지 등록금 등의 학비를 증여하면 세금을 면제해 주는 제도이다. 만약 조부모의 역할이 오로지 경제적인 문제에만 국한된다면 세상은 대단히 위험한 길로 접어든 것이다.

세상이 물질 중심으로 돌아가는 현실 속에서도 조부모는 손주의 신앙에 관심을 가져야 한다. 가정의 가장으로서, 제사장으로서 자신의 믿음을 후손에게 잘 전해주는 믿음의 스승이 되어야 한다. 아이들이 성장하여 독립하기 전에 그들의 삶에 필요한 믿음을 가르쳐 주는 것이 조부모의 임무이다.

손주들에게 신앙을 전해주기 위해서는 먼저 조부모 자신이 올바른 신앙을 가지는 것이 중요하다. 하나님의 말씀에 순종함으로써 아브라함과 이삭과 야곱과 요셉으로 이어지는 믿음의 세대 계승을 본받아야 한다. 레갑의 자손 요나답의 후손들처럼 수백 년이 지나도 변치 않는 믿음의 유산을 남기는 조부모의 삶을 하나님은 복을 주실 것이다. 손주의 성공 조건에는 '조부모의 신앙교육'이 중요한 요소 중 하나다.

1. 신앙교육의 골든타임을 지켜라

모든 사물에는 정해진 때가 있다

,, 배움에는 때가 중요하다

"[1]범사에 기한이 있고 천하 만사가 다 때가 있나니 [2]날 때가 있고 죽을 때가 있으며 심을 때가 있고 심은 것을 뽑을 때가 있으며"(전 3:1-2)

전도서 기자는 모든 것에는 기한과 때가 있다고 고백하고 있다. 하나님께서 세상 모든 것에 때를 정해두셨다는 뜻이다. 땅 위의 모든 생물은 태어날 때가 있고 죽을 때가 있으며, 한 세대가 지나가고 또 다른 세대가 오는 것을 반복한다. 이처럼 지구상에 존재하는 생물은 다 때에 순응하며 살아간다. 인간도 예외가 아니다. 하나님이 정하신 원리에 순종해야 한다. 우리가 모든 것의 시작과 마지막을 알지 못한다고 해서 시작과 마지막이 뒤바뀌거나 없어지지 않는다.

사람은 세상에 태어나면 독립할 때까지는 어른들의 보살핌을 받는다. 특히 태어나서 5세에 이르기까지는 외부의 도움은 절대적이며 이 시기를 유아 교육 전문가들은 육아의 골든타임이라고 부른다. 이 시기에 아이들은 어른들에게 필요한 것을 공급받고 언어를 배우고 사회에서 살아가는데 필요한 생활 습관과 문화를 익히면서 서서히 사회에 적응해 나간다. 아이들은 어릴 때부터 부모의 세심한 보살핌은 물론이고 더불어 살아가는데 필요한 것을 배우기에 어릴 때의 올바른 교육은 매우 중요하다.

,, 아이에게 성경을 읽어주자

나는 외손녀가 태어나서부터 십 년 넘게 딸 가족과 함께 지냈다. 내가 하는 일은 출산 후유증으로 어려움을 겪는 딸을 도와 아이를 키우는 것이었다. 아이가 어릴 때는 먹이고, 입히고, 목욕시키는 일을 주로 했다.

아이가 책에 관심을 가질 때부터는 열심히 책을 읽어주었다. 아이는 책을 읽어주면 할아버지 얼굴을 쳐다보며 웃음을 짓곤 했다. 혼자 놀다가 심심하면 책꽂이에서 자기가 좋아하는 책을 꺼내서 찾아왔다. 보통 다섯 권에서 열 권을 읽어주고 나면 아이는 혼자서 놀았다. 아이에게 책을 읽어주는 것은 재미있고 즐거웠다. 그러나 어려움도 있었다. 저녁잠이 많은 나에게 힘든 것은 밤12시가 넘어서 아이가 책을 들고 와서 읽어 달라는 요청이었다. 그것도 낮에 읽어 준 얇은 책이 아니라 200쪽이 넘는 '어린이 성경'을 가지고 와서 읽어 달라고 할 때였다. 아이에게 힘든 내색을 할 수 없어서 열심히 읽어주었다. 책 읽어주기는 새벽 1시를 넘기는 것이 예사였다.

아이가 한글을 깨우치고 스스로 책을 읽기 시작한 후에 아이는 혼자서 어린이용 성경을 부지런히 읽었다. 내가 성경을 읽어 준 것이 빛을 발하기 시작했다. 성경 읽기를 좋아하는 아이는 성장하면서 하나님의 말씀을 좋아하고 즐겁게 예배에 출석하고 있다.

신앙교육의 골든타임을 지키자
〞신앙의 격대교육은 축복이다

"또 어려서부터 성경을 알았나니 성경은 능히 너로 하여금 그리스도 예수 안에 있는 믿음으로 말미암아 구원에 이르는 지혜가 있게 하느니라"(딤후 3:15)

손주를 키울 때 잘 먹이고 입히는 것이 전부가 아니다. 신앙교육을 잘 시키는 것이 중요하다. '세 살 버릇 여든까지'라는 말은 손주들의 신앙교육에도 적용된다. 지혜와 명철, 경험을 가진 조부모가 손주들을 사랑하고 신앙교육에 적극적으로 나서면 아이들은 신앙에 힘을 얻을 수 있다. 그러나 아쉽게도 산업화 이후 가정과 교회, 사회에서 조부모의 영향은 축소되고 있다.

육아에 골든타임이 있듯이 신앙교육에도 골든타임이 있다. 성경에는 할아버지나 할머니가 손주를 직접 키운 기록이 세 군데 있다. 첫 번째는 창세기 50장 22-23절에 요셉이 손자를 양육했다는 기록이다.

"²²요셉이 그의 아버지의 가족과 함께 애굽에 거주하여 백십 세를 살며 ²³에브라임의 자손 삼대를 보았으며 므낫세의 아들 마길의 아들들도 요셉의 슬하에서 양육되었더라"(창 50:22-23)

이스라엘 사람으로 애굽의 총리를 지냈던 요셉은 총리직에서 물러난 뒤 110세에 세상을 떠날 때까지 에브라임과 므낫세의 후손들을 슬하에 양육했다. 요셉은 손주뿐만 아니라 증손주들을 앞에 앉혀 놓고 하나님 말씀과 아브라함과 이삭과 야곱을 통해 전해지는 가문의 신앙유산을 후손들에게 전해주었다.

두 번째는 룻기 4장에 나오는 나오미의 손자 양육이다.

"나오미가 아기를 받아 품에 품고 그의 양육자가 되니"(룻 4:16)

그는 이방 여인인 룻이 낳은 오벳을 안고 기뻐하며 양육했다. 피 한 방울 섞이지 않은 아이를 손자로 삼아 잘 키웠다. 그 아이는 다윗의 할아버지인 오벳이다.

세 번째는 디모데후서 1장 5절에 등장하는 디모데의 외할머니 로이스의 손자 양육이다.

"이는 네 속에 거짓이 없는 믿음이 있음을 생각함이라 이 믿음은 먼저 네 외조모 로이스와 네 어머니 유니게 속에 있더니 네 속에도 있는 줄을 확신하노라"(딤후 1:15)
"또 어려서부터 성경을 알았나니 성경은 능히 너로 하여금 그리스도 예수 안에 있는 믿음으로 말미암아 구원에 이르는 지혜가 있게 하느니라"(딤후 3:15)

로이스는 어린 디모데에게 철저하게 신앙교육을 시켰다. 디모데의 거짓이 없는 믿음이 외할머니 로이스와 어머니 유니게의 신앙교육 덕분이라고 바울 사도는 말한다(딤후 1:15). 디모데가 어릴 때부터 배운 성경은 그를 구원에 이르는 지혜로 충만하게 했다(딤후 3:15). 이처럼 조부모들이 손주를 신앙으로 양육하는 것이 '신앙의 격대교육'이다. 이처럼 아이에게 성경을 일찍부터 가르쳐야 하는 이유는 간단하다. 이는 아이가 올바른 신앙인으로 성장하여 하나님께 충성하는 인물로 살게 하기 위해서이다.

〞 어릴 때 잘 배우는 것이 중요하다
학자들은 신앙교육의 골든타임은 대체로 우리나라의 15세 정도에 해당하는 나이라고 한다. 이 나이는 아이들이 사춘기에 접어드는 시기이다. 목회데이터연구소가 학원복음화협의회의 설문 조사(2017년)를 인용한 것에 따르면 우리나라 개신교 대학생 중 교회에 출석하지 않는 성도는 28%에 이르고, 그들이 교회를 떠난 시기는 중학교(26%) 때로 나타나고 있다. 따라서 자녀들이 신앙생활을 제대로 하기 위해서는 15세가 되기 전까지 신앙교육을 잘 받는 것이 매우 중요하고 효과적이다. 그러므로 양육자는 신앙교육의 골든타임이 지나가기 전에 하나님의 말씀을 아이에게 가르쳐야 한다.

요셉은 형들의 미움을 받아 애굽에 노예로 팔려가지만 거기서도 하나님을 섬겼다. 그는 보디발 장군의 아내의 성적 유혹을 믿음으로 거절하였고, 애굽의 총리가 되어 애굽과 아버지의 가족을 대흉년에서 구해주었다(창세기 47장).

소년 다윗은 하나님을 모욕하는 골리앗 장군을 쓰러뜨리고 이스라엘에 승리를 안겨주었다(사무엘상 17장). 이스라엘을 벌벌 떨게 만든 거인 골리앗을 다윗이 작은 물맷돌을 가지고 이긴 것은 하나님을 경외하는 믿음을 가지고 있었기 때문이다. 다윗은 "주 여호와여 주는 나의 소망이시요 내가 어릴 때부터 신뢰한 이시라"(시 71:5)는 신앙고백을 했다.

바벨론에 포로로 잡혀간 소년 다니엘은 하나님을 경외하였다. 그는 느부갓네살 왕의 명령을 어기고 매일 네 번씩 하나님께 기도하다가 사자 굴에 던짐을 당했으나 하나님의 보호하심으로 상처하나 입지 않는다(다니엘 6장).

페르시아의 아닥사스다 왕의 왕후가 된 에스더는 믿음의 여인이었다. 사촌 오빠인 모르드개가 하만이 만든 우상에 절하지 않아서 민족이 몰살당할 위기가 닥쳤을 때 하나님을 의지하고 기도하여 민족 말살의 위기를 넘겼다(에스더 7장).

이들의 공통점은 바로 어릴 때 올바른 신앙교육을 잘 받았다는 것이다. 가정에서 부모와 조부모에게 직접 신앙교육을 받으며 자랐기 때문이다. 이들은 환난과 위기를 만났을 때 하나님을 의지하고 기도했으며 목숨을 걸고 유혹과 핍박을 견뎠다. 기독 조부모의 할 일은 아이들이 어릴 때 하나님에 대한 올바른 신앙을 가르쳐서 마귀의 유혹과 세상의 잘못된 사상을 받아들이지 않게 하는 것이다.

신앙교육은 평생 교육이다
" 평생 배워라

"하나님의 묵시를 밝히 아는 스가랴가 사는 날에 하나님을 찾았고 그가 여호와를 찾을 동안에는 하나님이 형통하게 하셨더라"(대하 26:5)

웃시야는 선지자 스가랴가 사는 날 동안에는 그의 가르침을 따르며 하나님의 말씀에 순종했다. 웃시야가 여호와를 찾을 동안에는 하나님은 그를 형통하게 해 주셨다. 그러나 선지자 스가랴가 죽고 나서 웃시야는 하나님을 잊어버렸다. 하나님을 경외하지 않고 스스로 교만해졌다. 결국 웃시야는 왕위에서 쫓겨났고 나병에 걸리는 비참한 최후를 맞이했다(대하 26:5-21).

반면 다윗 왕은 젊은 시절 우리아의 아내 밧세바를 범했을 때 나단 선지자를 통한 하나님의 책망을 듣고 회개했다. 또 왕국이 안정된 후에 백성의 수를 세는 죄를 범했을 때 다윗 왕은 나단 선지자를 통한 하나님의 말씀을 듣고 자신의 죄를 회개하였다. 다윗 왕은 죽을 때까지 나단 선지자를 통한 하나님의 명령에 순종함으로써 '하나님의 마음에 합한 자'가 되었다.

캔필드(Canfield)는 『The Heart of Grandparenting(조부모 역할의 핵심)』에서 "손주는 조부모가 계획적으로 관여하면 성공한다. 조부모들은 그들이 손주의 삶에 적극적으로 관여할 때 잘 지낸다. 나아가 조부모가 그들의 미래를 위해 준비하는 것을 도와주면 이 '준비된 상속자'는 의미 있는 방향에서 더 많이 성공하게 된다"라고 말하며 조부모가 손주 양육에 적극적으로 나설 것을 요청하고 있다.

아이들이 양육자에게 배워야 하는 가장 중요한 것은 하나님을 경외하는 법이다. 사람이 살아가는 데 양식이 중요하듯이 하나님의 자녀로 살아가는데 필요한 신앙교육이 필수적이기 때문이다(마 4:4). 그러기 위해서는 자녀의 신앙교육을 위한 투자를 아끼지 않아야 한다. 학교 성적을 올리기 위하여 투자하는 비용의 10분의 1이라도 자녀의 신앙교육을 위해 투자하면 풍성한 믿음의 열매를 얻을 것이다. 어린 아이들에게 올바른 신앙교육을 하는 것은 가장 적은 노력과 비용으로 가장 좋은 열매를 많이 얻는 방법이다. 아이가 자라는 동안 처음부터 올바른 신앙을 가르쳐 주는 것은 부모를 포함한 모든 양육자의 책임이다.

〞 평생 가르쳐라

"[17] 하나님이여 나를 어려서부터 교훈하셨으므로 내가 지금까지 주의 기이한 일들을 전하였나이다 [18] 하나님이여 내가 늙어 백발이 될 때에도 나를 버리지 마시며 내가 주의 힘을 후대에 전하고 주의 능력을 장래의 모든 사람에게 전하기까지 나를 버리지 마소서"(시 71:17-18)

시편 기자는 나이든 지금까지 하나님의 은혜를 후손에게 가르칠 수 있는 것은 하나님께서 자신을 어려서부터 교훈하셨기 때문이라고 고백하고 있다. 이어서 백발노인이 된 자신에게 주의 힘을 후대에 전하고 주의 능력을 장래의 모든 사람에게 전할 수 있게 해 달라고 기도하고 있다(시 71:17-18).

시편 기자의 이 기도는 조부모들에게 좋은 도전을 준다. 노년 세대는 시편 기자처럼 자기와 함께하는 자녀와 손주들에게 주의 복음을 온전히 전해 줄 수 있게 해달라고 쉬지 않고 기도해야 한다. 하나님께서 노년 세대에게 건강과 생명을 주신 것은 하나님의 은혜를 후손들에게 잘 물려줄 기회를 주신 것일 수도 있다. 노년 세대가 미래 세대에게 신앙을 가르치고 믿음의 유산을 물려주는 것은 세대 간의 소통을 향상시키며 세대 통합을 이루는 데도 큰 도움이 된다.

신앙교육은 평생 교육이다. 자녀의 신앙교육은 어머니의 태중에서 시작하여 죽을 때까지 이루어져야 한다. 어린 시절에 배운 신앙을 죽을 때까지 잘 지킨 인물이 있는가 하면, 젊은 시절에는 믿음으로 잘 살다가도 늙어서 하나님의 말씀을 떠난 경우도 허다하다. 따라서 신앙은 늙어서 세상을 떠날 때까지 변하지 않는 것이 중요하다.

자녀의 신앙교육에는 시작 시간은 있으나 마감 시간은 없다. 어느 일정한 기간에만 신앙교육을 해야 하는 것이 아니다. 자녀에게 신앙을 전해주는 일은 중단할 수 없는 중요한 임무이다.

2. 조부모는 스승이다

조부모는 지혜와 명철의 소유자이다

〟 조부모는 지혜자다

"여호와를 경외하는 것이 지혜의 근본이요 거룩하신 자를 아는 것이 명철이니라"(잠 9:10)

세상 사람들은 노인에게는 지혜가 있다고 말한다. 베르나르 베르베르는 노인들의 경험과 지식의 양을 "노인 하나가 죽는 것은 도서관 하나가 불타는 것과 같다"라고 도서관에 가득한 책에 비유하고 있다. 노인들에게는 오랜 세월을 살면서 터득한 지식과 경험이 있다는 뜻이며 사람들은 많이 배우고 똑똑한 사람을 지혜자요, 명철한 사람이라고 평가하고 존경한다.

그러나 성경이 가르치는 지혜는 세상의 지혜와는 다르다. 성경은 여호와를 경외하는 것이 지혜의 근본이며 하나님을 아는 것이 명철이라고 기록하고 있다(잠 9:10). 하퍼(Harper)는 '지혜는 축적된 지식이나 삶의 경험 그 이상'이라고 했다. 하나님을 경외하는 것은 지혜의 근본이고 하나님을 아는 것이 명철이다. 세상 지식은 애쓰고 노력하면 얻을 수 있지만, 지혜와 명철은 학식이나 재물처럼 노력해서 얻을 수 있는 것이 아니다. 성경에 기록된 지혜는 책이나 교실에서 배울 수 있는 것이 아니라 하나님의 선물이며 다음 세대에게 전해주어야 하는 그리스도를 믿는 믿음이다.

"여호와께서 모세에게 이르시되 이스라엘 노인 중에 네가 알기로 백성의 장로와 지도자가 될 만한 자 칠십 명을 모아 내게 데리고 와 회막에 이르러 거기서 너와 함께 서게 하라"(민 11:16)

노인들에게는 지혜가 있다. 하나님께서는 400년을 애굽에서 노예로 고생하던 이스라엘 백성들이 약속의 땅으로 가는 과정에서 모세에게 노인들을 민족의 장로와 지도자로 세우라고 명령하셨다. 60만명이 넘는 백성들을 안전하게 출애굽 하는데 모세를 도울 인물로 경험이 많은 노인들을 선택하신 것이다.

99 조부모에게 배우라

"청하건대 너는 옛 시대 사람에게 물으며 조상들이 터득한 일을 배울지어다"(욥 8:8)

성경은 과거 어느 세대보다 더 치열한 경쟁 시대를 살아가는 젊은 이들에게 옛 사람에게 묻고, 그들이 가진 지혜와 지식을 배우라고 명령하신다.

첨단 기술 시대를 살아가는 자신감으로 가득한 젊은이들에게는 '노년 세대에게 배우라'는 말이 다소 생소하게 들릴지도 모른다. 동서고금을 통해 지혜자라고 평가받는 노인에게는 젊은 세대가 아직 축적하지 못한 지식과 그들에게 필요한 풍부한 경험이 있기에 젊은 세대는 지혜롭고 명철한 노년 세대에게 배워야 한다. 그들에게는 조부모의 도움이 필요하다. 조부모의 조언은 젊은이의 실수를 줄여줄 수 있기 때문이다. 세상 지식만을 배우라는 말씀이 아니라 하나님이 주신 지혜를 배우라는 말씀이다. 하나님의 사랑과 은혜를 배우는 젊은 세대가 되어야 한다. 조부모에게 지혜의 근본이신 하나님에 대해 배우는 것은 은을 얻는 것보다 낫고 그 이익은 정금보다 낫기 때문이다.

"이는 지혜를 얻는 것이 은을 얻는 것보다 낫고 그 이익이 정금보다 나음이니라"(잠 3:14)

70

젊은 세대가 미래를 설계하고 앞으로 나아가기 위해서는 앞선 세대에게 직접 배우거나 그들이 남긴 기록이나 유산을 통해 배울 수 있어야 한다. 조부모에게 과거를 배운 젊은이들은 자신의 미래를 올바로 설계하는 데 큰 도움을 얻을 수 있다. 젊은 세대가 경험하거나 가지지 못한 것을 노년 세대에게 배우는 것은 현명한 행동이다.

"옛날을 기억하라 역대의 연대를 생각하라 네 아버지에게 물으라 그가 네게 설명할 것이요 네 어른들에게 물으라 그들이 네게 말하리로다"(신 32:7)

멀비힐(MulviHill)은 『Biblical Grandparenting(성경적 조부모 역할)』에서 조부모는 손주에게 롤모델이 되어야 하며 복음을 전해야 한다고 강조한다. 그는 손주에게 지혜가 중요한 세 가지 이유가 있다고 했다.

- 첫째, 지혜가 진리와 영원한 행복으로 인도하기 때문이다(잠 3:13).
- 둘째, 지혜는 영원한 생명과 하나님의 은혜에 이르는 길이기 때문이다(잠 8:35).
- 셋째, 지혜는 매우 값진 것이기 때문이다.

그러므로 노년 세대는 하나님을 경외하는 법과 자신들이 가진 지혜

와 경험을 후손들에게 부지런히 가르치고 전해주어야 한다. 많은 보물이나 재산보다 더 소중한 지혜, 즉 하나님을 경외하는 자에게 주시는 지혜를 손주에게 전해주어야 한다. 모든 조부모는 손주들에게 건네주는 귀한 믿음의 편지이자 하나님이 기뻐하시는 편지이다.

복음을 전하라
❞ 손주 신앙교육은 하나님의 명령이다

"하나님이 또 아브라함에게 이르시되 그런즉 너는 내 언약을 지키고 네 후손도 대대로 지키라."(창 17:9)

하나님께서는 아브람에게 이름을 여러 민족의 아버지라는 뜻을 가진 아브라함으로 바꾸어 주시면서 복을 주시겠다고 약속하셨다. 아내 사라와의 사이에 아들을 얻지 못한 아브라함에게 자손의 번성을 약속하시면서 자손 대대로 복을 주시겠다고 하셨다(창 17:5-6). 하나님께서 아브라함에게 요구하신 것은 하나님의 말씀을 후손들에게 잘 전하라는 것이었다. 후손들이 대를 이어 하나님을 경외하며 언약을 지키도록 하라고 명령하셨다(창 17:9). 아브라함에게 주어진 임무는 믿음의 뿌리로서 중요성이 있는 것이다. 아브람이 아브라함으로 되는 것은 믿음의 민족을 위한 첫 사람으로서의 소명을 갖는 것이다. 그가 할 일은 이후의 세대에 하나님의 신앙을 세워주고 계승하는 것이다.

72

"여호와께서 이르시되 내가 그들과 세운 나의 언약이 이러하니 곧 네 위에 있는 나의 영과 네 입에 둔 나의 말이 이제부터 영원하도록 네 입에서와 네 후손의 입에서와 네 후손의 후손의 입에서 떠나지 아니하리라 하시니라 여호와의 말씀이니라"(사 59:21)

하나님은 이사야 선지자를 통해 이스라엘 백성들이 아들과 손자, 그들의 후손에 이르기까지 대를 이어 하나님의 언약을 지키라고 명령하셨다.

하나님의 말씀을 3대까지만 지키라는 뜻이 아니라 자손 대대로 지킬 것을 명령하시는 것이다. 하나님의 계획은 하나님을 사랑하고 계명을 지키는 자에게는 천 대까지 믿음이 계승되는 복을 주시는 것이다.

조부모의 믿음이 다음 세대를 넘어 끊어지지 않고 이어지기 위해서는 자녀와 손주에게 복음을 가르쳐야 한다. 그렇지 않으면 같은 또래나 미디어가 아이들의 생각과 행동을 지배하게 될 가능성이 높아지며. 미혹하는 자가 그들에게 사탄의 사상을 전해줄 위험이 있다. 조부모가 미래 세대에게 믿음을 전해주는 위대한 목적을 망각하거나 소홀히 할 때 손주들의 삶은 하나님으로부터 멀어지게 된다. 로이 주크(Roy B. Zuck)는 "젊은 세대에게 하나님의 길을 가르치는 것은 부모의 책임만이 아니라 조부모의 책임이기도 하다"고 했다. 자녀를 신앙으로 양육하는 데는 조부모의 역할도 중요하다는 뜻이다.

손주에게 복음을 전해주는 데는 너무 빠르거나 늦음이란 없다. 빠르면 빠를수록 좋고, 죽기 전까지 복음을 전해야 한다. 야곱과 요셉은 죽기 전에 자녀들에게 축복하고 유언을 남겼다. 예수님과 함께 십자가에 달렸던 죄수 중 한 명도 죽기 전에 회개함으로써 천국에 들어갈 수 있었다. 자녀를 축복하고 사랑하는 데 나이와 시기는 문제가 되지 않는다.

,, 착하고 충성된 종이 되자

손주를 양육하는 기독 조부모의 사명은 손주를 신앙적으로 키우는 것이다. 조부모들은 세상을 떠나기 전 후손에게 "나는 선한 싸움을 싸우고 나의 달려갈 길을 마치고 믿음을 지켰으니"(딤후 4:7)라는 신앙고백을 할 수 있어야 한다. 손주를 양육하는 조부모는 세상을 떠나기 전 세 번에 걸쳐 긍정적인 평가를 받아야 한다.

- 첫째, "잘하였도다. 착하고 충성된 종아 네가 적은 일에 충성하였으매 내가 많은 것을 네게 맡기리니 네 주인의 즐거움에 참여할지어다"(마 25:23)라는 하나님의 칭찬을 받아야 한다.
- 둘째, 조부모 손에서 자란 손주로부터 "저를 이렇게 신앙적으로 잘 키워주셔서 감사합니다"라는 감사의 말을 들어야 한다.
- 셋째, "저 사람은 신실한 기독교인으로서 자녀를 신앙적으로 잘 키웠다"라는 세상 사람들의 긍정적인 평가이다.

손주를 신앙적으로 양육하기 위해서 손주 신앙교육에 최선을 다한 조부모는 좋은 평가를 받게 된다.

조부모가 사랑하는 손주에게 믿음을 전해주는 것은 남이 대신해 줄 수 있는 일이 아니며 그렇게 하도록 내버려 두어서도 안 된다. 어떠한 상황에서도 하나님이 사랑하시는 손주를 포기하면 안되고, 자신의 믿음을 전해주고, 자기가 원하는 믿음의 인물이 되도록 기도하고 가르치는 것은 조부모에게 주어진 무거운 책임이나 부담이 아니라 조부모가 가질 수 있는 특권인 동시에 위대한 축복이다. 세속화와 종교 다원주의에 물들어가는 현대 사회에서 기독 조부모의 손주 신앙교육은 하나님이 주신 위대한 임무이다.

3. 조부모의 조건과
손주 신앙 교육의 12가지 유익

손주 신앙양육 교재와 조부모의 조건

애니타 클레벌리(Anita Cleverly)는 『Faithful Grandparents』(신실한 조부모)에서 손주 신앙양육에 나서는 조부모들에게 항상 "최고를 위해 기도하고, 최악을 위해 준비하라"고 조언한다. 손주를 신앙적으로 양육하는 것은 손주들에게 행복한 미래를 준비시키는 중요한 일이기 때문이다. 손주를 신앙적으로 양육하기를 원하는 조부모들에게는 두 가지 고민이 있다.

첫 번째 고민은 손주 신앙교육에 필요한 교재를 구하는 것이다. 자녀를 신앙적으로 양육하는 책이나 주변 인물에게 도움을 받지만 충분하지 않다. 신앙적으로 양육하는 데 가장 중요한 교재는 하나님의 말씀을 기록한 성경이다. 바울은 디모데후서 3장 16절에서 성경이 자녀 양육에 가장 좋은 교재라고 말한다.

"모든 성경은 하나님의 감동으로 된 것으로 교훈과 책망과 바르게 함과 의로 교육하기에 유익하니"(딤후 3:16)

손주 양육에 대한 주된 근거는 성경에 있고 다른 자료는 2차적이고 보충적일 뿐이며 하나님의 방법은 항상 가장 좋은 방법이고, 가장 좋은 결과로 인도하신다.

두 번째 고민은 자신이 손주에게 신앙교육을 할 자격이 있는가이다. 노년의 야곱은 병석에서 간증과 축복을 통해 요셉의 두 아들에게 신앙교육을 했으며 애굽 총리를 지낸 요셉, 홀로된 나오미, 로이스가 손주를 신앙적으로 키웠다는 성경 기록은 손주 신앙교육에는 조부모의 재산이나 직업, 학력, 교회 직분에 대한 구별이 없다는 것을 말해준다. 하나님의 선물인 손주를 진심으로 사랑하는 마음만 있으면 된다. 손주들을 위해 늘 기도하는 조부모이면 충분하다.

손주 신앙교육의 12가지 유익

조부모가 손주들에게 신앙을 가르치고 물려주는 것은 하나님의 명령이요 특권임은 앞서 기술한 것과 같다. 손주를 신앙적으로 양육하면 손주의 신앙생활 뿐만 아니라 조부모의 신앙생활에도 큰 변화가 일어나게 된다.

⑴ 손주를 위해 늘 기도한다.

⑵ 손주에게 축복한다.

⑶ 손주에게 마땅히 행할 길을 가르친다.

⑷ 조부모 자신의 신앙을 점검한다.

⑸ 손주가 조부모를 존경한다.

⑹ 손주가 조부모를 봉양한다.

⑺ 손주가 주 안에서 조부모에게 순종한다.

⑻ 손주가 경건한 그리스도인으로 성장한다.

⑼ 손주가 가문의 신앙 역사를 기억한다.

⑽ 손주가 조부모의 신앙을 물려받는다.

⑾ 손주가 하나님을 올바로 이해하고 믿는다.

⑿ 손주가 자기의 후손을 성경적으로 양육한다.

어린아이를 키우는 데는 한 마을이 필요하다는 말이 있을 정도로 육아에는 많은 사람의 관심과 도움이 필요하다. 우리의 손주들을 양육하는 것도 예외는 아니다. 특히 하나님을 경외하는 신실한 기독 조언자들이 다음 세대를 믿음으로 양육하는 데 가정과 교회가 함께 노력해야 한다.

4. 대를 이어 신앙을 전하라

믿음의 씨앗을 심어라

🥚 좋은 믿음의 씨앗을 심어라

"좋은 땅에 뿌려졌다는 것은 말씀을 듣고 깨닫는 자니 결실하여 어떤 것은 백 배, 어떤 것은 육십 배, 어떤 것은 삼십 배가 되느니라 하시더라"(마 13:23)

농부들은 좋은 열매를 많이 얻기 위해 땀 흘려 일한다. 농부가 풍성한 수확을 얻기 위해서는 다음과 같은 4가지 원칙을 지켜야 한다.

- 첫째, 추수하고자 하는 작물의 씨앗을 심어야 한다. 콩을 수확하기 위해서는 콩을 심고, 팥을 얻고자 하는 농부는 팥을 심어야 한다. 손주에게 올바른 신앙을 전해야 한다. 잘못된 신앙을 가르친 조부모

는 결코 온전한 기독교 신앙을 가진 손주를 볼 수 없다.

- 둘째, 파종 시기를 지켜야 한다. 파종 시기를 놓치면 건강한 싹을 얻을 수 없고, 튼튼한 열매를 얻을 수 없다. 신앙을 가르치는 시기도 매우 중요하다. 어릴 때부터 하나님을 경외하고 순종하는 믿음을 전해주어야 한다.

- 셋째, 옥토에 씨를 뿌려야 한다. 현명한 농부는 씨를 뿌리기 전에 논과 밭을 일구어서 곡식이 잘 자랄 수 있는 좋은 땅을 만든다. 조부모도 손주가 복음을 잘 받아들일 수 있도록 마음 밭을 잘 일구어야 한다.

- 넷째, 좋은 농사법을 후손에게 전해야 한다. 그래야 풍성하고 좋은 열매를 얻을 수 있다. 조부모도 손주에게 하나님을 섬기는 법을 전해주며 올바른 신앙생활을 하도록 가르쳐야 한다.

좋은 씨앗을 좋은 땅에 시기에 맞게 뿌리고, 잡초를 잘 뽑아주고 관리하는 농부는 백 배, 육십 배, 삼십 배의 결실을 얻을 수 있다. 손주에게 믿음을 물려주고자 하는 조부모의 양육에도 같은 원칙이 적용된다. 자녀들이 하나님을 경외하며 믿음으로 살아가는 모습을 보고 싶다면 하나님의 말씀을 부지런히 전하고 가르쳐야 한다. 조부모가 뿌린 하나님의 말씀이 아이에게 잘 전해지면 잎이 무성하고 풍성하여 비바람이 몰아쳐도 쓰러지지 않고 좋은 열매 맺게 될 것이다(겔 17:8, 시 1:3). 아이의 믿음이 반석 위에 세운 집처럼 튼튼해져서 자손 대대로 이어지게 되는 것이다.

,, 태교가 중요하다

성경에는 하나님께서 직접 가르쳐 주신 태교법이 기록되어 있다. 태교는 하나님께서 택하신 자(시 71:6)이며 믿음의 계승자(사 59:21, 시 78:6)인 자녀를 바르게 양육하기 위한 첫걸음이다.

하나님께서는 오랫동안 자녀를 기다리던 이삭, 마노아, 사가랴 가정에 아들을 주시겠다고 말씀하시면서 태교법과 육아법을 가르쳐 주셨다. 이삭과 리브가가 태중에 있는 쌍둥이가 다투는 것을 보고 하나님께 육아법을 문의하자 하나님께서는 두 아들의 장래에 대해 말씀하셨다(창 25:21-23). 마노아의 아내에게는 블레셋 사람에게 지배를 받는 이스라엘을 구원할 자녀를 주신다는 약속의 말씀과 함께 태교법을 가르쳐 주셨다(삿 13:3-4). 제사장 사가랴의 아내 엘리사벳에게는 육아법을 가르쳐 주셨다(눅 1:15-16). 아내의 말을 듣고 의심하는 마노아에게도 그의 아내에게 명령하셨던 태교법과 육아법을 가르쳐 주셨다(삿 13:12-14).

"³여호와의 사자가 그 여인에게 나타나서 그에게 이르시되 보라 네가 본래 임신하지 못하므로 출산하지 못하였으나 이제 임신하여 아들을 낳으리니 ⁴그러므로 너는 삼가 포도주와 독주를 마시지 말며 어떤 부정한 것도 먹지 말지니라"(삿 13:3-4)

"¹²마노아가 이르되 이제 당신의 말씀대로 되기를 원하나이다 이 아이를 어떻게 기르며 우리가 그에게 어떻게 행하리이까 ¹³여호와의 사자가 마노아에게 이르되 내가 여인에게 말한 것들을 그가 다 삼가서 14포도나무의 소산을 먹지 말며 포도주와 독주를 마시지 말며 어떤 부정한 것도 먹지 말고 내가 그에게 명령한 것은 다 지킬 것이니라 하니라"(삿 13:12-14)

하나님께서 마노아 부부에게 명령하신 육아법은 하나님의 말씀에 따라 살아갈 나실인에게 요구되는 삶의 규범이다. 레갑의 후손인 요나답의 자손들이 300년 넘게 지킨 규례였으며 세례 요한의 어머니 엘리사벳에게 요구하신 육아법이었다(눅 1:15-16). 이는 자녀들이 평생 지켜야 할 하나님의 명령이며 규례다.

레갑의 후손들과 세례 요한은 하나님이 명령하신 육아법에 따라 성장했으며 하나님께 귀히 쓰임을 받았다. 그러나 하나님에게 태교와 육아법을 질문한 마노아 부부는 아들 삼손을 하나님의 말씀대로 키우지 못했다.

자녀를 신앙적으로 양육하는 것은 아이가 태중에 있을 때부터 시작되어야 하며 태교와 육아법은 연결되어 이루어져야 한다.

하나님의 능력을 전하라

99 조상에게 물려받은 것을 전해주어라

"³이는 우리가 들어서 아는 바요 우리의 조상들이 우리에게 전한 바라 ⁴우리가 이를 그들의 자손에게 숨기지 아니하고 여호와의 영예와 그의 능력과 그가 행하신 기이한 사적을 후대에 전하리로다 ⁵여호와께서 증거를 야곱에게 세우시며 법도를 이스라엘에게 정하시고 우리 조상들에게 명령하사 그들의 자손에게 알리라 하셨으니 ⁶이는 그들로 후대 곧 태어날 자손에게 이를 알게 하고 그들은 일어나 그들의 자손에게 일러서"(시 78:3-6)

시편 기자는 조부모들에게 가정에서 믿음의 전달자요 축복의 통로가 되라고 한다. 조부모들은 선조에게 들은 것과 배운 것을 후손에게 전해주는 사람이 되어야 한다. 조부모 개인의 신념이나 사상이 아니라 하나님의 영예와 그의 능력과 기이한 사적을 조금도 남김없이 전해주는 것이 조부모들의 임무이다(시 78:3-6). 후손에게 이를 전하지 않는 것은 숨기는 것과 같다.

성경에는 하나님을 "아브라함의 하나님, 이삭의 하나님, 야곱의 하나님"이라고 20번이나 기록하고 있다. 이는 우리가 믿는 하나님은 믿음의 조상 아브라함이 섬기던 하나님과 동일하신 분이며 이삭과 야곱이 섬기던 하나님이라는 말씀이다. 그분은 아브라함과 이삭, 야곱을 부르시고, 지켜주시고, 인도하셨으며 복을 주신 하나님이시다. 아브라함과 그의 후손들은 많은 어려움 속에서도 하나님의 말씀에 순종하며 하나님의 약속한 말씀을 후손들에게 전하고 가르쳤다.

조부모는 이런 하나님을 우리의 후손에게 잘 전해야 할 의무와 책임을 가지고 있다. 손주들이 하나님 앞에서 순종하며 그들의 일생을 통해 하나님을 경외할 수 있도록 가르치는 것이 조부모의 역할 중 하나이다.

,, 미래 세대에게 복음을 전하라

"여호와께서 이르시되 내가 그들과 세운 나의 언약이 이러하니 곧 네위에 있는 나의 영과 네 입에 둔 나의 말이 이제부터 영원하도록 네 입에서와 네 후손의 입에서와 네 후손의 후손의 입에서 떠나지 아니하리라 하시니라 여호와의 말씀이니라"(사 59:21)

하나님께서는 믿음을 후대에게 잘 전해주라고 명령하신다. 하나님의 언약과 축복을 후손에게 전해주는 것은 선택이 아니라 필수이기 때문이다. 이사야 선지자는 우리가 가진 믿음은 우리의 조상이 가르쳐 준 것이고, 우리는 그 믿음을 우리의 자녀에게 전해야 하고, 우리의 자손은 태중에 있는 자손에게 전하고, 그 자손은 그의 자손에게 전하라고 명령한다(사 59:21). 특히 "나의 말이 이제부터 영원하도록 네 입에서와 네 후손의 입에서와 네 후손의 후손의 입에서 떠나지 아니하리라"(사 59:21)라는 말씀은 하나님의 말씀이 영원까지 전해져야 한다는 것을 강조하고 있다. '네 후손'과 '네 후손의 후손'은 단순하게 자녀와 손주 세대를 말하는 것이 아니라 대를 이어 하나님의 말씀을 가르치고 전하라는 것이다.

"곧 너와 네 아들과 네 손자들이 평생에 네 하나님 여호와를 경외하며 내가 너희에게 명한 그 모든 규례와 명령을 지키게 하기 위한 것이며 또 네 날을 장구하게 하기 위한 것이라"(신 6:2)

모세가 이스라엘 백성에게 여호와의 명령과 규례와 법도를 후손에게 잘 가르치라고 한 이유는 후손들이 약속의 땅 가나안에서 하나님을 경외하게 하기 위함과 하나님이 주시는 장수의 복을 누리게 하기 위해서였다.

하나님께서는 어느 한순간에만 명령에 순종하라고 하지 않으신다. 평생 하나님을 경외하며 하나님께서 명하신 모든 규례와 명령을 지키라고 하신다. 이 말씀은 조부모를 비롯하여 젊은 부모와 손주를 아우르는 가족 구성원 전체에게 하시는 말씀이다. 따라서 조부모의 꿈은 '어떻게 하면 대를 이어 하나님을 섬기는 가문이 될 수 있는가'여야 한다. 조부모의 꿈이 후손들의 꿈이 될 때 그 가문은 믿음의 명문 가문이 될 수 있다.

리더를 양육하라
,, 리더의 책임을 가르치라

"²²모세가 여호와께서 자기에게 명령하신 대로 하여 여호수아를 데려다가 제사장 엘르아살과 온 회중 앞에 세우고 ²³그에게 안수하여 위탁하되 여호와께서 모세에게 명령하신 대로 하였더라"(민 27:22-23)

모세는 하나님의 명령에 따라 이스라엘 백성을 이끌고 애굽을 떠났다. 하나님의 돌보심과 인도하심에 따라 넘실대는 홍해를 마른 땅처럼 건넜고, 광야에서 40년 동안 안전하게 지냈다. 어느 날 하나님께서는 모세에게 아바림 산에 올라가서 하나님께서 이스라엘 백성들에게 주실 땅을 바라보라고 하셨다. 이제 조금만 더 가면 꿈에 그리던 약속의 땅에 들어갈 수 있었다. 그러나 하나님께서는 모세에게 이스라엘 백성들이 신광야에서 불평할 때에 모세가 그들 앞에 하나님의 거룩함을 나타내지 않은 잘못으로(민 27:12-14; 신 32:51) 약속의 땅에 들어가지 못하고 죽을 것이라고 말씀하셨다. 이에 모세가 자신의 뒤를 이어 이스라엘을 이끌 지도자를 세워 달라고 하나님께 기도하자 하나님께서는 하나님의 영이 머무는 여호수아를 지도자로 세우라고 지시하셨다(민 27:15-20).

모세는 세상을 떠나기 전에 하나님의 명령에 따라 이스라엘 백성들이 약속의 땅 가나안으로 인도할 지도자를 세운다.

첫 번째로, 모세는 아론과 그의 후손들을 하나님께 제사 드리는 제사장으로 세웠다. 동시에 하나님의 명령에 따라 제사장들이 대를 이어 이스라엘 백성들을 축복하라는 하나님의 명령을 전했다(민 6:23-26).

두 번째로, 자기의 뒤를 이을 여호수아를 민족의 지도자를 세우고 권력을 이양했다. 그는 여호수아를 제사장 엘르아살과 온 회중 앞에 세우고 그에게 안수하여 자신의 뒤를 이을 지도자로 삼았다(민 27:22-23). 자기의 아들이나 아론의 아들이 아니라 하나님이 명하시는 여호수아를 후계자로 임명하였다. 모세는 이스라엘 백성을 축복한 후 세상을 떠났다.

가정이나 단체, 국가에서 지도자는 매우 중요한 인물이다. 그들의 생각이나 행동에 따라 그 조직의 목표와 방향이 결정되고, 조직 구성원의 행복과 불행이 결정될 수도 있기 때문이다. 한 국가의 최고 지도자의 잘못된 판단과 정책으로 인해 부유하던 나라가 가난한 나라로 전락하는 경우도 적지 않다.

위대한 지도자는 자신의 뒤를 이을 지도자를 잘 선택하고 훈련해야 한다. 하나님을 경외하는 지도자를 세워야 한다. 개인의 욕심을 채우기 위해 지도자를 잘못 세우면 그 조직은 무너지게 될 것이기 때문이다. 가정과 교회가 믿음으로 바로 서기 위해서는 하나님을 경외하는 지도자가 바로 서야 한다.

99 다른 사람을 가르치게 하라

"또 네가 많은 증인 앞에서 내게 들을 바를 충성된 사람들에게 부탁하라 그들이 또 다른 사람들을 가르칠 수 있으리라"(딤후 2:2)

바울은 디모데를 자신의 아들이라 부를 정도로 사랑했다. 그는 디모데를 자신의 뒤를 이어 복음을 전할 인물로 키우기 위해 디모데를 직접 가르치거나 편지를 써서 가르쳤다.

바울은 디모데에게 모든 사람을 위해서 기도하며, 믿음 위에 굳게 서서 때를 얻든지 못 얻든지 항상 복음을 전하라고 명령했다. 교회를 든든히 세우기 위한 감독과 집사의 자격을 구체적으로 가르쳤다. 가정의 어른인 노인을 공경하고 다른 사람의 신앙의 모범이 되는 장로를 공경하라고 가르쳤다. 바울은 디모데에게 자신이 가르쳐 준 것을 교회의 충성된 사람들에게 잘 지키도록 부탁하라고 했다. 지도자와 교사로 세움을 받은 사람들이 다른 사람들에게 믿음을 잘 전하고 가르치게 하라고 지시했다.

복음이 전파되고 교회를 바로 세우기 위해서는 가르치는 것이 매우 중요하다. 특히 성경을 가르치는 지도자를 세우는 것은 교회가 신앙의 본질을 유지하는 데 필요하다. 훌륭한 지도자는 자신의 뒤를 이을 믿음의 지도자에게 믿음을 잘 가르치고 훈련하며 그를 위해 항상 기도하여야 한다.

5. 반복해서 가르쳐라

하나님 말씀을 잘 배우라

〞 가르치는 자가 깨달아야 한다

"이스라엘아 들으라 우리 하나님 여호와는 오직 유일한 여호와이시니"(신 6:4)

내가 처음으로 교단에 선 것은 군에서이다. 임관 후 2개월의 특기 교육을 마치고 '공군항공과학고등학교'에 부임한 것은 1975년 12월 중순이었다. 1주일 후 선배들이 수업하던 '전파관리법'이란 과목을 강의했다. 대학에서 배운 적이 없는 과목이었기에 사전지식이 있을 리가 만무했다. 게다가 가르칠 대상은 졸업을 코앞에 둔 고3 학생들이었다. 학생들과의 나이 차이는 3-5살 정도, 첫 번째 수업은 엉망이었던 것으로 기억하고 있다. 나 자신도 잘 알지 못하는 내용을 강의하는 것이 얼마나 무모한 일인지 깨달았다.

하나님께서는 모세를 통해 이스라엘 백성들이 약속의 땅 가나안에 들어가서 어떻게 신앙생활을 해야 할지를 가르쳐 주셨다. 신명기 6장 4-9절에는 모세가 전한 신앙교육의 원리가 기록되어 있다.

모세는 백성들을 향해 먼저 자기가 전하는 하나님의 말씀을 들으라고 했다. 유일하신 하나님의 말씀을 잘 듣는 것이 중요하다고 강조한 것이다. 조부모가 자녀들에게 신앙을 가르치기 위해서는 자신이 먼저 하나님의 말씀을 올바로 이해해야 한다. 그러기 위해서는 하나님의 말씀을 잘 듣고 배워서 마음에 새겨야 한다. 잘 배우기 위해서는 잘 들어야 한다. 잘 들어야 이해할 수 있기 때문이며 들어도 이해할 수 없는 것은 질문해야 한다. 잘 듣고 이해해야 자녀들에게 제대로 가르칠 수 있기 때문이다.

이처럼 가르치는 자의 제일 중요한 조건은 먼저 자신이 잘 배우는 것이다. 하나님은 유일한 하나님이시라는 사실을 잘 배워야 한다. 하나님에 대한 확실한 믿음이 있어야 하나님을 남에게 제대로 전할 수 있다.

🎵 하나님의 말씀을 사랑하라

"⁵ 너는 마음을 다하고 뜻을 다하고 힘을 다하여 네 하나님 여호와를 사랑하라 ⁶ 오늘 내가 네게 명하는 이 말씀을 너는 마음에 새기고"(신

6:5-6)

자녀들에게 하나님의 말씀을 전하는 자는 자신이 먼저 하나님을 사랑하고 그의 말씀을 마음에 새겨야 한다. 가르치는 자는 구원에 대한 확신과 약속에 대한 신뢰가 있어야 한다. 하나님의 말씀을 온전히 깨닫는 자는 하나님을 사랑하게 되고 하나님의 말씀을 사랑할 뿐만 아니라 그 말씀에 순종하게 된다. 하나님의 말씀을 사랑하는 자는 그의 말씀에 순종하는 자이다.

우리가 사랑하는 사람의 부탁을 거절하지 아니하고 최선을 다해 들어주듯이 하나님을 사랑하는 사람은 하나님의 명령에 순종하게 된다. 하나님을 사랑했던 믿음의 조상들은 혹독한 고난과 핍박 속에서도 하나님의 말씀을 전했고, 심지어 순교를 당하면서도 하나님의 사랑을 전하였다. 이처럼 하나님을 사랑하는 사람은 마음과 뜻과 힘을 다하여 사랑하라고 명령하신다.

하나님 말씀을 부지런히 가르쳐라
❞ 부지런함이 승리의 원천이다

"네 자녀에게 부지런히 가르치며 집에 앉았을 때에든지 길을 갈 때에든지 누워 있을 때에든지 일어날 때에든지 이 말씀을 강론할 것이며"(신 6:7)

하나님의 말씀을 가르치는 자에게는 부지런함이 요구된다(잠 6:9, 롬 12:11). 부모나 조부모들이 어린 자녀들에게 복음을 전하고 성경을 가르칠 때는 부지런해야 한다. 이것이 그들에게 보여주는 가르치는 자의 올바른 자세이다.

하나님께서는 기회가 있을 때마다 가르치라고 명령하셨다(신 6:7). 아이들을 교육할 시간과 장소는 특별히 정해져 있지 않다. 모든 시간, 모든 장소가 교육 장소가 될 수 있다. 그렇다고 틈만 나면 아이를 붙잡고 가르치는 것은 오히려 역효과를 낼 수 있기에 피해야 할 일이다. 집에서나 밖에서도 기회는 있다. 길을 걸으면서도 신앙교육은 가능하다. 계절 따라 피고 지는 꽃을 보며 천지를 창조하신 하나님의 위대함을 전할 수 있다. 자녀들의 고민을 들어주거나 신앙 상담을 할 수도 있다. 식사시간도 좋은 기회가 된다. 주고받는 대화 주제가 신앙에 대한 것이면 더욱 좋다. 침대 머리의 대화도 자녀에게 신앙을 전해줄 좋은 기회가 된다. 하루를 마무리하면서 가족들의 신앙 간증을 나누면 아이의 신앙은 날로 성장한다. 잠들기 전에 자녀들에게 축복 기도를 해 주는 것이 아이들에게는 좋은 추억이 될 뿐만 아니라 신앙의 성장에 크게 도움이 된다.

가르치는 자에게 요구되는 것은 부지런함이다. 후손들에게 복음을 가르치는 경우도 마찬가지이다. 가르쳐야 할 어른들이 게으르면 아이들은 바른 신앙을 배울 기회를 잃어버리게 된다. 그 결과는 개인은 물론이고 가정이 파괴된다. 엘리 제사장을 비롯하여 성경의 많은 인물이 후손들에게 부지런히 신앙교육을 하지 않아 믿음의 대물림이 단절되는 부끄러운 사례를 남기고 있지 않은가!

99 시청각 자료를 활용하라

"⁸너는 또 그것을 네 손목에 매어 기호를 삼으며 네 미간에 붙여 표로 삼고 ⁹또 네 집 문설주와 바깥 문에 기록할지니라"(신 6:8-9)

자녀들에게 신앙을 가르치기 위해서 시청각 교육법을 사용하면 좋은 결과를 얻을 수 있다. 심리학자들은 인간은 외부의 정보를 입력하는 방법에 따라 기억하는 정도가 달라진다고 한다. 외부 정보를 접할 때 읽은 것의 10%를 기억하고, 들은 것의 20%, 본 것의 30%, 듣고 본 것의 50%를 기억할 수 있다고 한다. 나아가 직접 말한 것의 70%를 기억하고, 직접 행동한 것의 90%를 기억한다는 연구도 있다.

신명기 6장 8-9절은 하나님의 말씀을 기억하는 방법으로 말씀을 손목에 매고 다니며 시간이 날 때마다 묵상하라고 하신다. 문설주에 기록하여 두고 들어갈 때와 나갈 때 말씀을 읽어보고, 바깥문에 기록하여 본인은 물론이고 그 집을 지나치는 행인들도 하나님의 말씀을 읽을 수 있도록 하라고 하신다.

하나님께서는 제일 먼저 들으라고 명령하신다(신 6:4). 그다음으로는 가르치는 자가 하나님의 말씀을 배워 마음에 새기라고 하셨다. 그러나 우둔한 백성의 특징은 듣는 것을 거부하고, 보는 것을 피하기 때문에 마음으로 깨닫지 못한다. 깨닫지 못하니까 하나님께 돌아오지 않는 것이다(행 28:27). 돌아오지 않으니까 하나님이 주신 복을 누리지 못하게 된다.

야고보서 2장에서는 '행함이 없는 믿음은 죽은 것과 같다' 하며 행함이 있는 믿음의 중요성을 강조하고 있다. 신앙생활 가운데 눈에 익히고, 마음에 새기며, 몸이 기억하도록 만드는 것이 대단히 중요한 일이다. 자녀들의 신앙 교육에도 동일한 법칙이 적용된다. 자녀들이 세상을 이길 믿음을 가지도록 하려면 남들보다 더 많은 노력이 필요하다.

반복 교육은 승리의 원천이 된다
,, 반복 교육으로 승리하라

하나님의 말씀을 오랫동안 기억하기 위해서는 성경을 읽거나 말씀을 암송하는 것이 좋다. 내가 40대 초반에 교회에서 주일학교 부장으로 봉사하던 때의 일이다. 어떻게 하면 아이들에게 어려서부터 성경 말씀을 많이 암송하게 할까를 기도하던 중에 한 방법이 떠올랐다.

매 주일 예배를 시작할 때 선생님과 학생들이 한목소리로 고린도전서 13장을 첫 절부터 마지막 절까지 천천히 읽는 것이었다. 초등학교

1학년부터 6학년까지 함께 읽었다. 1년이면 50회 이상 읽게 되고, 그러면 자연스럽게 '사랑장'이라고 알려진 고린도전서 13장을 선생님과 아이들 모두 암송할 수 있을 것으로 생각했다. 그리고 다음에는 다른 성경 구절을 암송함으로써 평생 중요한 성경 구절이 머릿속에서 떠나지 않을 것을 믿었기 때문이다.

하나님 말씀을 교육하는 것에서도 반복은 중요하다. 한 번만 듣거나 읽는 것으로는 삶을 바꾸기가 쉽지 않기 때문이다. 중요한 내용은 반드시 여러 번 반복해서 보고, 듣고, 읽어서 머릿속에 온전히 기억해야 한다. 그래야 필요할 때마다 기억 저장 장치에서 꺼낼 수 있다.

손주를 신앙적으로 양육하기를 바라는 조부모라면 반복적인 신앙교육의 중요성을 깨닫고 실천해야 한다. 반복 교육의 목적 중에는 과거의 실수를 되풀이하지 않게 만드는 것도 있다. 과거의 잘못된 생활습관, 신앙생활로 되돌아가지 않기 위해서는 반복적인 신앙훈련이 반드시 필요하다.

〞 반복 교육이 아브라함을 '믿음의 조상'으로 만들었다

"[2] 내가 너로 큰 민족을 이루고 네게 복을 주어 네 이름을 창대하게 하리니 너는 복이 될지라 [3] 너를 축복하는 자에게는 내가 복을 내리고 너를 저주하는 자에게는 내가 저주하리니 땅의 모든 족속이 너로 말미암아 복을 얻을 것이라 하신지라"(창 12:2-3)

유명 스포츠 선수들은 모두가 소문난 연습벌레들이다. 남들이 편히 쉴 때 그들은 자신의 기량을 연마하기 위해 많은 땀을 흘린다. 어리석어 보일 정도로 똑같은 연습을 무한 반복하면서 실력을 쌓는다. 연습의 효과는 실전에서 드러난다. 연습량이 메달의 색깔을 결정짓는다. 더 많이 연습한 선수가 더 좋은 결과를 얻는다.

아브람은 75세에 하나님으로부터 고향을 떠나라는 명령을 받았다. 아브라함은 하나님의 말씀에 전적으로 순종했으며 고향을 떠나면서 많은 것을 버렸다. 친척과 집과 땅을 버려야 했으며 조상들이 섬기던 우상도 버렸다. 과거에 의지하고 살던 모든 것을 떠나 하나님이 보여 주실 땅으로 가면 큰 복을 주시겠다는 약속을 믿고 고향을 떠났다(창 12:1-4).

하나님은 순종하는 아브라함에게 복을 주시겠다는 약속을 반복하셨다. 손주를 하나님이 기뻐하시는 믿음의 자녀로 양육하고자 하는 조부모는 부지런히 하나님 말씀을 가르쳐야 한다. 열심을 품고 하나님의 축복의 말씀을 전할 때 하나님은 약속하신 복을 후손들에게 내려 주실 것이다.

6. 모든 사람을 가르쳐라

가족은 믿음으로 하나가 되야 한다

,, 배우자에게 복음을 전하자

"아내 된 자여 네가 남편을 구원할는지 어찌 알 수 있으며 남편 된 자여 네가 네 아내를 구원할는지 어찌 알 수 있으리요"(고전 7:16)

우리나라에 기독교 복음이 전해진 이후로 성공적인 믿음의 세대 계승을 이루는 가문의 공통적인 특징 중 하나는 부부가 믿음으로 바로 서는 것이다. 부부가 믿음으로 하나가 될 때 그 가정은 믿음으로 바로 설 수가 있다. 따라서 남에게 복음을 전하기에 앞서 가족에게 복음을 전해야 한다. 그중에서도 하나님께서 맺어주신 배우자에게 복음을 전하는 것이 중요하다. 남편은 아내에게, 아내는 남편에게 복음을 전해야 한다.

배우자에게 복음을 전하기 위해서는 자신이 먼저 올바른 신앙생활을 해야 하며 배우자를 섬기며 사랑하는 마음을 보여주어야 한다. 믿음의 배우자가 보여주는 이웃사랑도 중요하다. 가정은 작은 교회이기 때문이다.

부부 중 한 사람만 예수를 믿는 가정이 적지 않다. 믿음이 좋다는 소리를 듣는 장로나 권사, 집사 가정에서 부부가 함께 신앙생활을 하지 않는 가정도 간혹 있다. 배우자의 신앙을 위해 더 많은 기도와 더 많은 눈물이 필요한 가정이다.

바울 사도는 행여 아내나 남편이 불신자일 경우에 그들을 버리지 말라고 했다. 믿음으로 사는 남편으로 인해 아내가 구원을 받거나, 아내로 인해 남편이 구원받을 수 있을 거라고 말했다(고전 7:16). 베드로 사도도 아내의 선한 행실로 인하여 남편이 구원을 받게 될 수도 있다고 했다(벧전 3:1). 이는 믿지 않는 배우자가 믿는 배우자의 전도를 통해 복음을 영접하거나 하나님께서 배우자를 위한 기도를 들어주시고 배우자에게 믿음을 주실 수도 있다는 말씀이다.

〞 아담과 롯, 솔로몬의 실패

하나님이 지으신 최초의 인간 아담이 에덴동산에서 쫓겨난 이유는 하나님의 명령에 순종하지 않았기 때문이다. 아담은 동산 중앙에 있는 선악을 알게하는 나무의 열매를 먹지 말라는 하나님의 명령을 아내에게 정확하게 전달하지 못했다. 하와가 뱀의 꼬임에 빠져 사과를 먹고 아담에게 먹으라고 권했을 때 하와의 잘못된 행동을 고쳐주지 못하였고 도리어 자신도 하나님의 명령을 어기는 실수를 저질렀다. 부부가 함께 하나님을 섬기며 순종하지 못한 결과 두 사람은 에덴동산에서 쫓겨났다.

모든 것이 풍족한 소돔성에 살던 롯은 아내와 두 딸에게 하나님을 섬기며 순종하는 법을 전해주지 못했다. 그들은 소돔 사람의 행실을 따라 살다가 저주를 받았다. 소돔은 불바다가 되었고, 롯의 아내는 소금기둥이 되었으며 두 딸은 아버지 롯과의 사이에서 아들을 낳는 죄를 지었다(창 19:36-38). 배우자에게 믿음을 전해주지 못한 결과로 가정이 몰락하게 된 것이다.

다윗의 아들 솔로몬은 하나님의 성전을 크게 지었고, 나라를 잘 다스려 부강하게 만들었다. 수많은 잠언을 지었으며 지혜의 왕으로 칭송을 받았다. 그러나 솔로몬은 부인들에게 하나님의 말씀을 전하지 못했다. 오히려 여러 나라에서 온 여인들이 섬기던 우상들의 제단을 만들고 자신도 우상을 섬기는 죄를 범했다. 심지어 하나님이 두 번이나 경고하셨지만 돌이키지도, 회개하지도 않았다. 그 결과 다윗과 솔로몬의 이스라엘 왕국은 아들 르호보암 시대에 둘로 쪼개졌다. 아내에게 하나님을 전하지 못했던 솔로몬의 최후는 비극이었다.

💬 자녀에게 복음을 전하라

"네 자녀에게 부지런히 가르치며 집에 앉았을 때에든지 길을 갈 때에든지 누워 있을 때에든지 일어날 때에든지 이 말씀을 강론할 것이며"(신 6:7)

하나님께서는 자녀에게 하나님 말씀을 부지런히 가르치라고 말씀하셨다(신 6:7, 11:19). 식탁에 둘러앉은 어린 자식들은 어린 감람나무 같고(시 128:3), 자녀는 부모뿐만 아니라 하나님에게도 귀한 존재이기 때문에 그들에게 복음을 전하는 것은 중요하다.

'품 안에 자식'이라는 말이 있다. 아이들이 내 주변에 있을 때 그들에게 선한 영향력을 행사할 수가 있다는 뜻이다. 아이가 자라고 나면 대화할 시간을 갖기 쉽지 않으며 아이와 조부모는 언제 헤어질지도 알 수 없다. 아이들과 함께할 수 있을 때 그들에게 복음을 전해야 한다. 자녀에게 복음을 전하는 시간과 장소는 문제가 되지 않는다. 기회가 있을 때마다 진리의 말씀을 전해야 한다. 때가 되기를 기다리다가는 기회를 놓칠 수 있다.

아론의 두 아들 나답과 아비후는 여호와가 명령하지 않은 다른 불을 담아 드리다가 벌을 받아 죽임을 당했다(레 10:1). 이스라엘 백성의 출애굽에 큰 역할을 담당했던 아론이었지만 하나님께 제사 드리는 법을 두 아들에게 온전히 가르치지 못하였기 때문이다.

사무엘이 어릴 때 성전에서 하나님을 섬기는 법을 가르쳐준 영적 지도자였던 엘리 제사장은 자신의 두 아들 홉니와 비느하스에게 신앙을 가르치는 데는 실패했다(삼상 2:12). 그들은 하나님께 드리는 제사 음식을 함부로 대했고, 성전에서 행음하는 죄를 범했으나 엘리 제사장은 제대로 훈계하지 못했다. 두 아들은 아버지의 훈계를 듣고도 자신들의 행동을 멈추거나 회개하지 않았을 뿐만 아니라 두 아들과 함께 죄를 범한(삼상 2:29) 엘리 제사장의 회개도 없었다. 하나님은 바르지 못한 제사를 드리거나 불순종하는 사람은 누구든 누구의 자녀이든 결코 용납하지 않으신다.

자녀들은 부모의 보호 대상인 동시에 하나님에 대해 가르쳐야 할 대상이다. 자녀에게 복음을 전하지 않는다면 자녀가 화를 당하고, 부모까지도 어려움을 당할 수가 있다. 자식은 부모에게 면류관이 되기도 하지만 무거운 짐이 될 수도 있다. 그러므로 기독 조부모가 할 일은 자녀들에게 복음을 잘 가르치고 전하는 일이다.

,, 이웃과 이방인에게도 가르쳐라

"그들이 여호와의 율법책을 가지고 유다에서 가르치되 그 모든 유다 성읍들로 두루 다니며 백성들을 가르쳤더라"(대하 17:9)

"곧 백성의 남녀와 어린이와 네 성읍 안에 거류하는 타국인을 모으고 그들에게 듣고 배우고 네 하나님 여호와를 경외하며 이 율법의 모든 말

씀을 지켜 행하게 하고"(신 31:12)

기독 조부모들이 복음을 전해야 할 대상은 후손들은 물론이고 이웃과 이방인들도 포함된다. 그들에게 하나님의 말씀을 듣고 그를 경외하며 말씀에 순종하도록 가르쳐야 한다.

다윗의 처음 길을 걸으며 하나님을 섬긴 여호사밧 왕은 우상숭배를 금하고 레위 사람과 제사장으로 하여금 온 유다를 두루 다니며 성읍에 거주하는 백성들에게 여호와의 율법책을 가르치게 했다(대하 17:9). 성읍에 사는 백성 중에는 이방인도 포함되어 있다(신 31:12). 그들은 이스라엘 백성들이 출애굽할 때 함께 나온 사람들이며 이스라엘 백성들과 함께 할례를 받고(창 17:27) 유월절을 지켰다(출 12:48). 하나님께서 아브라함을 축복하실 때 그의 후손으로 말미암아 온 인류가 복을 받을 것이라는 약속에 포함되어 있는 사람들이다(창 22:18).

복음은 이스라엘 백성만을 위한 것이 아니다. 그렇다고 대한민국 백성들만을 위한 것도 아니다. 복음은 온 인류를 위한 것이다. 아브라함의 하나님은 복음을 영접하고 하나님을 경외하는 모든 사람의 하나님이시다. 따라서 기독 조부모가 할 일은 모든 사람에게 여호와를 경외하는 방법을 가르치고, 본을 보여 그들도 하나님의 율법을 지키도록 가르치는 것이다. 모든 사람은 하나님께서 창조하시고 사랑하시는 동일한 피조물이기 때문이다.

예수님께서 제자들에게 예루살렘뿐만 아니라 타국에까지 복음을 전하라고 하신 명령(행 1:8)은 21세기를 살아가는 조부모들에게 동일하게 적용되어야 한다.

"오직 성령이 너희에게 임하시면 너희가 권능을 받고 예루살렘과 온 유대와 사마리아와 땅끝까지 이르러 내 증인이 되리라 하시니라"(행 1:8).

7. 질문에 대답하라

아이는 질문을 통해 성장한다

99 질문의 의도를 잘 파악하자

우리는 살아가면서 수많은 질문을 하거나 받는다. 어떤 질문은 간단하지만 때로는 쉽게 답할 수 없는 어려운 질문들과 마주치기도 한다. 일반적으로 질문은 목적에 따라 다음과 같이 네 가지로 구분할 수 있다.

첫째, question이다. 모르는 것이나 궁금한 것에 대해 알려고 할 때 하는 질문이다(눅 8:30, 행 9:5). 이를 통해 학생들은 실력을 향상시킬 수 있다.

둘째, test이다. 학교 시험이나 면접처럼 그 사람의 실력을 평가하거나 생각을 알기 위해 묻는 질문이다(마 16:15-16).

셋째, temptation이다. 상대방을 속이거나 실수를 유도하기 위한 질문, 즉 유혹이다. 이런 질문은 마음속에 의심을 불러일으키기도 한다. 에덴동산에서 뱀이 하와에게 던진 질문(창 3:1)과 마귀가 예수님에게 던진 것과 같은 질문이다(마 4:1-9).

넷째, blessing 이다. 죄를 짓거나 잘못을 저지른 사람에게 하는 질문이다. 이런 형식의 질문은 그 사람에게 회개할 기회를 주는 형태의 질문이다. 회개하는 자에게 복을 주시기 위한 질문이다.

위에 열거한 네 가지 형태의 질문 이외에도 양심을 일깨우기 위한 질문(마 23:17), 믿음을 유도하기 위한 질문(막 8:29), 비판하는 자를 꾸짖기 위한 질문(막 2:25-26), 혼돈을 불러오기 위한 질문(막 3:4) 등이 있다. 어느 경우이든 우리는 질문을 받으면 질문하는 사람의 의도와 질문의 본질을 잘 파악해야 올바른 대답을 할 수 있다.

,, 아이들의 질문에 대답하는 것은 조부모의 임무다

"옛날을 기억하라 역대의 연대를 생각하라 네 아버지에게 물으라 그가 네게 설명할 것이요 네 어른들에게 물으라 그들이 네게 말하리로다"(신 32:7)

아이들은 성장하면서 많은 질문을 한다. 궁금하거나 모르는 것은 대부분 핸드폰으로 검색하지만, 주변 어른이나 또래들에게도 묻는다. 세상의 모든 것이 궁금하기 때문이다. 그들은 질문을 통해 세상을 배운다. 질문을 통해 성장하고 살아가는데 필요한 지식을 습득하는 것이다. 많이 질문하는 아이는 많이 배울 수 있다. 질문을 잘하는 아이는 정확한 지식을 축적할 수 있다. 그러나 배움에 흥미나 관심이 없는 아이는 질문을 거의 하지 않는다.

하나님께서는 아이들의 질문을 긍정적으로 평가하신다. 역사와 연대에서 궁금한 것이 있으면 아버지와 주변 어른들에게 물어보라고 말씀하신다(신 32:7). 자녀들이 조상들에게 베푸신 하나님의 은혜와 축복에 대해 질문할 때 어른들은 자신들이 조상으로부터 배우고 물려받은 것을 설명해 주는 것은 물론 아이들이 아직 태어나기 전의 일과 어릴 때 일어난 일에 대해서도 설명해 주어야 한다.

외손녀는 어릴 때부터 자기가 모르는 것이 있으면 항상 질문했다. 설명을 잘 이해하지 못하면 자기가 이해할 때까지 계속해서 질문했다. 그러다보니 우리 가족은 외손녀가 질문하면 어떻게 설명할지, 긴장하게 되고 어른들도 잘 알지 못하는 것은 다음에 설명해 주겠다고 이해를 구하는 경우도 있었다. 잘못된 답변으로 아이에게 혼란을 줄 수도 있기 때문이다.

외손녀가 초등학교 4학년에 다닐 때였다. 하루는 외손녀가 엄마에게 이런 질문을 했다.

"엄마! 성경에는 항상 기도하라고 하는데 왜 사람들은 식사시간과 예배 시간에만 기도를 해요? 길을 가면서도 기도하고, 밥을 먹으면서도 기도할 수 있는데 왜 시간을 정해요?"

"물론 마음속으로 항상 기도하는 것이 옳은 일이지. 항상 기도하라는 것은 무슨 일을 만나든지 기도하라는 뜻도 있단다. 좋은 일을 만나면 감사 기도하고 찬양하며, 어려운 일을 만나면 문제 해결을 위해 하나님께 기도하지 않니? 입술을 열어 소리를 내면서 기도하는 것도 중요하단다"

식사와 예배 시간 기도에 대해 엄마가 차분하게 설명해 주자 아이는 잘 알겠다는 듯이 고개를 끄덕였다.

아이들의 질문에 답을 하는 것은 어른들의 임무인 동시에 중요한 책임이다. 아이가 질문하면 어른들은 그 문제에 대해 제대로 된 대답을 해야 한다. 아이에게 그것도 모르느냐고 추궁하거나 윽박지르는 것은 아이의 다음 질문을 막는 효과가 있다. 모르는 것을 그냥 넘어가면 결국 아이는 자신에게 필요한 지식을 습득하는데 어려움을 겪을 수 있다. 어른들이 올바른 대답을 못하거나 회피하면 아이들은 다른 해답을 얻게 될 위험이 있다. 그들의 발걸음은 세상으로 향하게 된다. 하나님의 규례와 법도를 모르는 세상에서 엉뚱한 해답을 얻어 하나님과 멀어지게 될 수도 있다. 하나님을 섬기는 법과 명령과 규례는 중요하기 때문에(욥 8:8) 자녀들은 하나님의 말씀과 은혜를 배우면서 자라야 한다.

정확한 대답은 복의 근원이 된다
" 주는 그리스도시라

베드로가 예수님의 질문에 정확한 대답을 한 것은 두 번이다. 첫 번째는 빌립보 가이사랴 지방에 머물 때 예수님께서 제자들에게 자신을 누구라고 하느냐고 하신 질문에 대한 답이었다. 베드로는 "주는 그리스도시요, 살아계신 하나님의 아들이시니이다"(마 16:16)라고 대답했다. 이에 예수님은 자신의 신분을 정확하게 대답을 한 베드로를 축복하셨다. 베드로를 통해 교회를 세울 것이며, 베드로에게 천국 열쇠를 주실 것이라고 하셨다(마 16:18-19).

두 번째는 예수님이 부활하신 후에 베드로에게 "네가 이 사람들보다 나를 더 사랑하느냐?"라는 질문에 대한 대답이다. 어떻게 보면 단순해 보이지만 예수님에게는 특별한 목적이 있는 질문이었다. 그러자 베드로는 "주님 그러하나이다. 내가 주님을 사랑하는 줄 주께서 아시나이다."라고 대답했다. 예수님의 질문에 대한 베드로의 대답이 두 번 더 반복되었다. 예수님께서 같은 질문을 세 번 반복하시자 베드로는 모든 것을 다 아시면서 왜 그런 질문을 반복하시느냐는 마음을 가지고 근심하면서 대답했다(요 21:17). 그러자 예수님은 동일한 질문을 세 번씩이나 반복하신 목적을 베드로에게 말씀하셨다.

"내 어린 양을 먹이라"

이는 예수님이 베드로를 포함한 사랑하는 제자들에게 내리신 지상 최고의 사명인 복음을 전하라는 유언이었다. 예수님이 베드로에게 동일한 질문을 세 번 하신 것은 예수님의 유언이 매우 중요하기 때문이었다. 예수님이 승천하시고 난 뒤 이 땅에 남아 있는 제자들이 할 가장 중요한 것은 주의 복음을 온 천하에 전파하는 것이었다. 사람들에게 복음을 전하는 것이 그들을 사랑하는 것이요 그들을 먹이는 것이었기 때문이다.

예수님은 베드로에게 이 유언을 하심으로 세 번이나 자신을 모른다고 부인했던 베드로를 용서하셨다. 용서하셨을 뿐만 아니라 신뢰하시고 새로운 명령을 주셨다. "내 양을 먹이라"라는 예수님의 말씀은 자신의 잘못을 회개할 기회를 찾지 못하던 베드로에게 회개의 기회를 주신 것이다.

예수님의 이 명령은 우리 믿는 조부모들에게 내리신 명령이기도 하다. 우리에게 맡기신 손주를 믿음으로 잘 키우라는 명령이다. 육신의 양식뿐만 아니라 영의 양식을 잘 먹임으로써, 후손들이 훌륭한 예수님의 제자로 살아갈 수 있게 만들어야 한다. 이를 통해 믿음의 가문을 이어가고 하나님의 말씀에 순종하며 살아가는 복을 누려야 한다.

🢂 유혹(temptation)하는 질문에 속지 말라

"그런데 뱀은 여호와 하나님이 지으신 들짐승 중에 가장 간교하니라 뱀이 여자에게 물어 이르되 하나님이 참으로 너희에게 동산 모든 나무의 열매를 먹지 말라 하시더냐"(창 3:1).

창세기 3장에는 아담과 하와가 하나님의 명령을 어기고 뱀의 간교한 유혹에 넘어가는 장면이 기록되어 있다. 뱀은 호기심 많은 하와에게 절반의 진실을 담은 질문을 던졌다(창 3:1). 그러자 하와는 절반의 진실을 담은 대답을 했다. 하나님께서는 동산 중앙에 있는 나무의 열매를 먹으면 죽을 것이라고 경고하셨지만 하와는 하나님의 말씀을 교묘하게 왜곡하여 대답을 한다.

"동산 중앙에 있는 나무의 열매는 하나님의 말씀에 너희는 먹지도 말고 만지지도 말라 너희가 죽을까 하노라 하셨느니라"(창 3:3)

평소 하나님이 금하신 나무의 열매가 보기에도 좋고 먹음직스러웠던 하와는 뱀의 유혹에 쉽게 넘어갔다. 하와의 이런 마음가짐과 행동은 하나님의 명령에 대한 불순종의 결과이다. 하나님과 동등한 능력을 가질 수 있다는 뱀의 교묘한 유혹이 허영심에 불타는 하와의 교만함에 불을 지핀 것이다. 만약 하와가 하나님께서 아담에게 하신 말씀을 제대로 알지 못했다면 당연히 남편에게 정확한 하나님의 명령을 질문하는 것이 옳다. 잘 모르면서 질문을 하지 않았다면 그것은 처음부터 질문할 마음이 없었기 때문이다.

금단의 열매를 먹은 하와는 자기 남편을 설득하여 하나님의 명령을 거부하게 만들었다. 아담은 하나님으로부터 직접 경고의 말씀을 들었음에도 하나님의 명령에 불순종하였다. 아담이 하와의 말에 순순히 따름으로써 씻을 수 없는 죄를 범하게 되었고 그 결과 두 사람은 에덴동산에서 쫓겨난다.

질문은 회개할 수 있는 기회다
〞 아담과 하와는 회개 대신 남 탓을 했다

"이르시되 누가 너의 벗었음을 네게 알렸느냐 내가 네게 먹지 말라 명한 그 나무 열매를 네가 먹었느냐"(창 3:11).

자녀를 키우면서 아이들이 실수를 저지르거나 거짓말을 할 때, 아이에게 질문을 하는 경우가 있다. 대부분의 경우는 어른들은 아이들의 행동에 대해 알고 있으면서도 아이들이 잘못을 깨닫게 하기 위해 질문을 한다. 마찬가지로 하나님께서 죄를 지은 사람에게 질문을 하는 이유는 자신의 실수나 잘못을 깨우치고 회개할 기회를 주기 위해서이다. 하나님께서 에덴동산 중앙에 있는 열매를 먹은 아담에게 질문하신 것도 아담에게 잘못을 깨닫고 회개할 기회를 주기 위해서였다. 아담은 하나님이 그 과일을 왜 따 먹었느냐고 질문을 하실 때 자신의 잘못을 깨닫고 하와와 함께 하나님 앞에 엎드려 회개해야 했다.

그러나 아담은 하나님의 질문에 거짓말과 핑계로 일관하고 있다. 아담은 하나님께서 절대로 하지 말라고 하신 것을 죄책감 없이 행하고서도 잘못을 깨닫거나 뉘우치지 않고 남 탓을 하는 못난 모습을 보였다. 하와도 마찬가지였다. 하와는 자신의 잘못을 뱀의 탓으로 돌렸다.

결국, 아담과 하와는 하나님께 회개할 기회를 놓쳐버렸다. 하나님이 질문하신 뜻을 정확하게 깨닫지 못하는 어리석음 때문이었다. 이로 인해 두 사람은 에덴동산에서 쫓겨났을 뿐 아니라 남자는 땀 흘려 일해야 하고, 여자는 출산의 고통을 겪어야 하는 벌을 받게 되었다. 하나님께서는 그들의 잘못을 용서해 주셨지만, 그에 따른 징계는 후대에도 계속되었다.

〞가인은 회개 대신 살인을 하고 거짓말을 했다

"여호와께서 가인에게 이르시되 네 아우 아벨이 어디 있느냐 그가 이르되 내가 알지 못하나이다 내가 내 아우를 지키는 자니이까"(창 4:9).

가인은 땅의 소산으로 하나님께 제사를 드리고, 동생 아벨은 양의 첫 새끼와 그 기름으로 여호와께 제사를 드렸다. 하나님께서는 가인의 제사는 받지 않으시고 동생인 아벨의 제사를 받으셨다. 하나님이 자신의 제사를 받지 않으신 것에 대해 가인은 안색이 변할 정도로 기분이 나빴다. 그러자 하나님은 가인의 제사를 받지 않으신 이유를 설명하며 가인이 회개하기를 기다리셨다. 그러나 결과는 정반대로 나타났다.

가인은 동생 아벨을 죽였고 하나님께서는 가인에게 아벨이 어디 있느냐고 물으셨다. 이때 가인은 하나님께 자신의 죄를 회개하지 않았다. 오히려 "내가 내 아우를 지키는 자니이까"(창 4:9)라는 말로 하나님을 거부하고 하나님께 대드는 모습을 보이며 불편한 심기를 드러내는 오만한 행동을 했다.

최초의 살인자가 된 가인은 근본적으로 하나님이 싫어하는 제사를 드리고도 자신의 부족함을 뉘우치지 않았을 뿐만 아니라 하나님 앞에 칭찬받는 동생을 시기한 결과 최초의 살인자가 되었다. 오늘날 우리도 하나님이 질문을 하실 때 자신을 잘 살펴서 회개할 기회로 삼는 믿음이 필요하다.

3부

마땅히 행할 길을
아이에게 가르치라

,, 조부모가 가르칠 것 7가지(W.O.R.S.H.I.P.)가 있다

"마땅히 행할 길을 아이에게 가르치라 그리하면 늙어도 그것을 떠나지 아니하리라"(잠 22:6)

하나님께서는 인생 3막을 살아가는 조부모 세대에게 마땅히 행할 길을 손주에게 가르치라고 명령하신다. 손주는 가문의 대를 이어가는 인물이기 때문이다. 가문의 전통과 신앙유산을 자손 대대로 잘 이어가도록 어릴 때부터 잘 가르치라는 명령이다.

잭 헤이포드는 "보통의 세상 사람들은 자녀들에게 필요한 것을 공급하고 그들을 보호하는 부모로서의 본능에 충실하지만, 정작 자녀들의 영적 측면은 소홀히 여길 때가 너무도 많다"라고 말한다. 기독 조부모들이 새겨들어야 할 말이다.

하나님께서는 기독 조부모를 향해 세상의 길을 따르지 말라고 말씀하신다. 하나님께서는 물질 대신에 믿음을 물려주기를 원하신다. 늙어서도 떠나지 않는, 아이들이 마땅히 행할 길을 가르치는 것이 중요하다는 말씀이다. 조부모가 후손들에게 무엇을 물려주느냐에 따라 후손들의 삶의 방향과 신앙생활이 달라진다. 따라서 세상의 것이 아니라 하늘의 것, 믿음의 유산을 물려주어야 한다.

필자는 기독 조부모들이 후손들에게 마땅히 물려주어야 할 것을 일곱 가지로 정리했다.

116

★

- 예배(Worship)
- 순종(Obedience)
- 회개(Repentance)
- 희생(Sacrifice)
- 신앙 역사(History)
- 교육(Instruction)
- 기도(Prayer)

이 일곱 가지는 순서가 정해진 것이 아니다. 독립적인 것이 아니라 서로 연관되어 있다. 이 일곱 가지의 영어 머리글자를 연결하면 WORSHIP, 바로 예배가 된다. 하나님을 예배(worship)하는 삶은 무엇보다 중요한 일이다. 예배에 성공해야 올바른 신앙생활을 할 수 있기 때문이다. 온전한 예배를 드리는 사람은 결코 하나님의 말씀에서 벗어나는 삶을 살지 않는다.

'WORSHIP'(예배)이라는 단어를 구성하는 일곱 단어를 통해 조부모들은 손주들에게 올바른 믿음을 전해줄 수 있다. 손주들에게 하나님을 경외하는 방법을 가르치는 것은 조부모의 신앙생활에도 많은 도움이 될 것이다.

1. 하나님만 예배하라(Worship)

온전한 예배에 성공하라

99 영과 진리로 예배하라

"하나님은 영이시니 예배하는 자가 영과 진리로 예배할지니라"(요 4:24)

기독 조부모가 아이들에게 가르쳐야 할 '마땅히 행할 길'의 첫 번째는 올바른 예배이다. 베이커(Baker)의 신학 사전에는 "예배란 '구속받은 영혼이 하나님의 거룩하심과 온전하심을 묵상하면서 하나님께 향하여 손을 들고 나아가는 순수한 경배를 가리킨다"라고 정의하고 있다. 예배는 신앙의 핵심이다. 따라서 자녀들이 영과 진리로 예배하도록 가르쳐야 한다. 예배를 부인하는 자는 하나님을 믿는 자가 아니다.

성경에는 1천여 명의 인물이 등장한다. 그중에는 아브라함과 다윗처럼 예배에 성공한 인물도 있고, 사울 왕처럼 실패한 인물도 있다. 아쉽게도 예배에 성공한 인물보다는 실패한 인물이 더 많다. 이것은 그만큼 하나님께 온전한 예배를 드리는 것이 어렵다는 사실을 말하고 있다. 인간의 죄와 욕심이 하나님이 기뻐하시는 거룩한 예배를 드리는 것을 방해하기 때문이다.

민음의 조상이라 불리는 아브라함은 예배하는 사람이었다. 고향을 떠나 세겜에 도착했을 때 하나님께서 그 땅을 주시겠다는 약속을 듣고 제단을 쌓은 후 거주지를 옮길 때마다 하나님 앞에 제단을 쌓고 예배를 드리고 100세에 얻은 아들 이삭을 번제로 드리라는 명령에도 순종했다. 하나님의 마음을 감동시킨 아브라함의 믿음은 이삭과 야곱, 요셉으로 이어졌다.

그러나 우리가 하나님께 온전한 예배를 드리지 못하면 하나님이 약속하신 복을 받을 수가 없을 뿐만 아니라 벌을 받게 된다. 손주 신앙 교육에 나서는 조부모도 아브라함처럼 하나님께 진정으로 예배하는 삶을 살아야 한다. 손주와 함께 예배하면 아이들이 예배의 중요성을 깨닫게 된다. 우리가 하나님께 신령과 진정으로 예배하면 하나님은 아브라함에게 주겠다고 약속하신 복을 우리에게도 주실 것이다.

〃 가정예배를 통해 믿음의 자녀가 성장한다

전라북도 완주군에 있는 제내교회에서는 6·25 전쟁 중 교회의 두 명의 장로가 순교했다. 그 순교자 중 한 사람인 김상천 장로 가문은 많은 목회자를 배출했다. 그의 맏아들 김덕환 목사를 포함하여 28명의 후손이 목회자의 가문을 이루고 있다. 그중에는 김덕환 목사에 이어 4대째 목회자의 가정을 이루고 있는 후손이 있다. 김덕환 목사의 맏딸 김순희 사모 가정은 남편 박광훈 목사와 다섯 명의 자녀, 두 명의 손녀가 목회자 가정을 이루고 있다. 아들 둘은 목사요, 딸 셋은 모두 목사 사모가 되었고, 총회 신학대학을 졸업한 두 손녀도 전도사 사모가 되어 삼 대 여덟 가정이 목회자 가정을 이루고 있다.

이 가문의 성공적인 신앙의 대물림 비결은 기도와 가정예배에 있다. 김순희 사모는 임신한 사실을 알게 되면 매일 저녁 교회에 나가 귀한 생명을 잉태케 하신 하나님께 감사의 기도를 드렸다. 하나님께 기도하는 것이 최고의 태교법이자 가장 확실한 태교법이라고 생각했기 때문이다. 처음에는 마룻바닥에 엎드려 기도하고, 배가 불러오면 방석을 하나씩 포개가며 기도했다.

또 매일 아침 가정예배를 드렸다. 찬송은 적어도 5곡에서 6곡을 부르며 성경은 한두 절이 아니라 장(chapter, 章) 단위로 외운다. 박 목사 부부가 출타 중일 때는 자녀들끼리 같은 방법으로 가정예배를 드렸다.

친척들이 놀러와도 언제나 같은 방식으로 매일 아침 가정예배를 드렸다. 어릴 때부터 가정예배와 기도로 훈련된 자녀들이 목회자의 가정을 이루어 하나님이 맡기신 사명을 잘 감당하고 있다. 가정예배를 통한 신앙생활의 중요성을 일깨워 주는 가문이다.

우상에 절하지 마라
〃 다른 신을 섬기지 말라

"너는 나 외에는 다른 신들을 네게 두지 말라"(출 20:3)

하나님께서는 모세를 통해 이스라엘 백성들이 지켜야 할 열 개의
계명을 주셨다. 제일 중요한 첫 번째 계명은 "너는 나 외에는 다른 신
들을 네게 두지 말라"(출 20:3)이다. 이를 어길 때는 아버지의 죄를
아들에게로 삼사 대까지 이르게 하겠다고 경고하셨다(출 20:5).

우리나라 기독교 역사에서 가장 암울했던 시기는 일제 강점기다.
일제는 교회에 일제가 섬기는 신사에 절을 하라는 지시를 내렸다. 교
회는 선교사를 중심으로 신사참배는 우상숭배라며 반대했다. 그러나
일제는 교묘하고도 집요하게 신사참배를 강요했다. 첫 번째 대상은
신사참배를 거부하던 침례교단이었다. 일제는 침례교단을 해체했고
32명의 지도자를 원산 감옥에 투옥했으며 교회 재산을 압류했다. 장
로교도 신사참배를 피해갈 수는 없었다. 1938년 9월 10일, 평양 장
대현교회에서 열린 조선예수교장로회 제27회 총회에서 신사참배를
결정했다. 이로 인해 장로교는 해방 후 교단이 둘로 분열되는 아픔을

겪게 된다.

유다 왕 여호야김 시대에 바벨론 왕 느부갓네살 왕은 이스라엘을
침공하여 용모가 아름답고 모든 지혜를 통찰하며 지식에 통달하고
학문에 익숙한 소년을 많이 데려갔다. 그중에는 다니엘과 그의 세 친
구인 사드락, 메삭, 아벳느고도 있었다. 모든 교육 과정을 마치고 나
서 다니엘은 왕궁에 거하며 바벨론 온 지방을 다스리며 모든 지혜자
의 어른이 되었고, 세친구들은 바벨론 지방의 일을 다스리는 관리가
되었다. 그들은 비록 어린 나이였지만 하나님만 의지하는 믿음의 소
년들이었다.

느부갓네살 왕이 금으로 신상을 만든 후 모든 백성에게 절하라는
명령을 내렸다. 그 명령에 따르지 않으면 관직을 박탈당하는 것은 물
론이고 활활 타오르는 풀무불에 던져 넣을 것이라고 협박했다. 그러
나 다니엘의 세 친구는 이를 거부하였다. 그들은 "비록 하나님께서
자신들을 구해주지 아니하실지라도 자신들은 우상에게 절하지 않겠
다"고 대답했다(단 3:17-18).

다니엘은 왕 외에 다른 신에게 기도하면 사자굴에 던져 넣겠다는
협박에도 굴하지 아니하고 하루 세 번씩 예루살렘을 향해 무릎을 꿇
고 하나님께 기도했다(단 6:10). 다니엘과 그의 세 친구의 믿음은 결
국 바벨론 왕으로 하여금 하나님의 위대하심을 인정하게 만들었으며
그들은 바벨론 왕국의 고위관리로 일하게 된다.

,, 산당을 제거하라

"아사 왕의 어머니 마아가가 아세라의 가증한 목상을 만들었으므로 아사가 그의 태후의 자리를 폐하고 그의 우상을 찍고 빻아 기드론 시냇가에서 불살랐으니"(대하 15:16)

르호보암의 손자인 아사 왕은 자기 어머니 마아가가 아세라 목상을 만들고 그를 숭배하자 태후 자리를 폐하고 우상을 부수고 기드론 시냇가에서 불살랐다(대하 15:16). 그의 뒤를 이어 유다의 왕이 된 여호사밧도 산당과 아세라 목상들을 제거하고 전심으로 여호와의 길을 걸어갔다(대하 17:6). 여호사밧 왕이 산당을 제거하고 온전히 하나님을 경배하자 유다 백성들도 하나님을 섬기는 삶을 살았다.

안타깝게도 21세기의 한국교회에는 하나님보다 다른 것을 우선순위에 두는 사람이 늘어나고 있다. 말로는 신앙이 우선이라고 하지만 그들의 마음속에는 하나님보다 더 소중하게 생각하는 산당을 가지고 있다. 자녀가 하나님보다 더 소중한 시대가 되어가고 있다.

자녀가 우상인 집도 있다. 자녀들의 출세와 성공을 위해서는 모든 것을 바치지만 하나님께 인색한 경우도 있다. 대학 입시를 준비하는 고3 학생들에게는 주일 예배 면제권을 주기도 한다. 좋은 대학에 입학하고 나서 올바른 신앙생활을 하라는 말로 자녀들의 신앙생활을 혼란스럽게 만들고 있다.

심지어 애완동물이 우상인 집도 있다. 우리는 자신을 지켜 우상에게서 멀리해야 한다(요일 5:21). 하나님의 자녀로 살기를 원하고 후손들에게 온전한 믿음을 물려주기를 원하는 기독 조부모들은 마음속에 들어있는 산당을 제거해야 한다. 눈에 보이는 산당 뿐만 아니라 눈에 보이지 않는 것을 따르거나 우상을 숭배하는 것을 멈추어야 한다.

예배에 성공하라
❝ 안식일을 기억하라
"안식일을 기억하여 거룩하게 지키라(출 20:8)

하나님께서는 "안식일을 기억하여 거룩하게 지키라"(출 20:8)고 명령하셨다. 안식일을 거룩하게 지키는 것에는 올바른 예배가 포함된다. 하나님께 온전한 예배를 드림이 없는 안식일은 무의하기 때문이다.

130여 년 전 이 땅에 기독교 복음이 전해졌을 때 우리 조상들은 성경 말씀대로 신앙생활을 하기 위해 많이 노력했다. 그들은 주일 예배를 매우 중요하게 생각하여 불가피하게 주일에 다른 교회에서 예배를 드릴 경우, 예배 참석 확인서를 받아오게 했다. 합당한 이유 없이 몇 주간 결석하면 징계를 내렸다. 그들은 주일을 철저하게 지켰다. 십계명에 기록된 대로 주일을 지켰다. 철저하게 무노동 원칙을 지켰다.

토요일까지 모든 준비를 끝내고 주일에는 오직 예배에만 최선을 다했다. 식사 준비는 토요일에 마치고 주일에는 그저 데워서 먹는 정도였다. 심지어 학생들이 교복을 다리거나 바느질하는 일도 금했고, 시험공부도 못하도록 했다.

2. 순종이 제사보다 낫다(Obedience)

하나님의 말씀에 순종하라

99 순종이 제사보다 낫다

조부모가 손주에게 반드시 가르쳐야 할 두 번째는 하나님께 순종하는 것이다. 순종은 하나님의 말씀을 온전히 받아들이는 것에서부터 시작된다.

아브라함은 순종으로 복을 받아 믿음의 조상이 됐으며 모세는 80세에 하나님의 부르심에 순종하여 애굽에서 노예로 혹사를 당하던 이스라엘 백성을 이끌고 홍해를 건넜다. 그는 불평과 불만이 많은 이스라엘 백성을 40년 동안 이끌면서 하나님의 말씀에 순종하였다. 모세는 순종을 통해 이스라엘 백성을 애굽에서 이끌고 나왔다.

이스라엘의 초대 왕이었던 사울은 아말렉과의 전쟁에서 승리한 후 선지자의 지시를 어기고 자기 마음대로 전리품을 처리했다. 자기를 위하여 기념비도 세웠다. 사울 왕은 자신의 불순종에 대해 질책하는 사무엘에게 잘못을 인정하기보다는 변명을 늘어놓았다. 사무엘은 순종하지 않은 사울 왕에게 '순종이 제사보다 낫고 듣는 것이 숫양의 기름보다 낫다'는 하나님의 말씀을 전했다. 하나님께서는 하나님의 명령에 불순종하고 교만한 사울을 왕으로 세운 것을 후회하셨다.

하나님께서는 우리에게 전적인 순종을 요구하신다. 하나님의 명령을 지키는 후손에게는 장수의 복을 주시며(신 4:40), 하나님을 사랑하고 그의 계명을 지키는 자에게는 천 대까지 은혜를 베푸시겠다고 약속하셨다(신 5:10).

,, 온전한 순종은 축복의 조건이다

"이 율법책을 네 입에서 떠나지 말게 하며 주야로 그것을 묵상하여 그 안에 기록된 대로 다 지켜 행하라 그리하면 네 길이 평탄하게 될 것이며 네가 형통하리라"(수 1:8)

하나님께서는 모세의 뒤를 이어 이스라엘의 지도자가 된 여호수아에게 두 가지를 말씀하셨다. 첫째는 강하고 담대하라고 하셨다. 모세처럼 강력한 리더십을 발휘해서 이스라엘 백성들이 가나안 땅에 잘 정착하도록 하라는 명령이었다. 둘째는 모세의 율법책에 기록된 하나님의 명령에 온전히 순종하라는 말씀이었다. 그러면 하나님께서 앞길을 평탄하게 인도해 주시겠다는 약속이었다(수 1:7-8).

태어날 때부터 앞을 보지 못하던 시각 장애인이 길에서 예수님을 만났다. 예수님께서는 침을 뱉어 진흙을 이겨 그의 눈에 발라주시면서 실로암 못에 가서 씻으라고 하셨다. 앞을 볼 수 있다는 예수님의 말씀을 들은 시각 장애인은 실로암 못에 가서 진흙을 씻어내자 세상을 볼 수 있게 되었다(요 9:1-7). 그가 한 일은 예수님의 말씀을 믿고 그대로 순종한 것뿐이었다.

작은 일에 불순종하는 자는 큰일에도 불순종하게 된다. 불순종하는 자는 일의 크고 작음을 떠나 자기 마음에 드는 일에는 충성하고 마음에 들지 않으면 불순종하게 된다. 불순종은 변명과 거짓말을 몰고 다닌다. 실패한 사람과 죄를 지은 사람의 공통적인 특징 중 하나는 자신의 실패와 잘못을 시인하고 회개하기보다는 남의 탓으로 돌리는 것이다. 예레미야는 이스라엘 백성이 하나님의 목소리를 청종하지 않는 것은 어려서부터 이어온 습관이라고 했다(렘 22:21). 변명과 불순종은 버려야 할 매우 나쁜 습관이다.

부모에게 순종하라

ˮ 주 안에서 부모에게 순종하라

"ⁱ자녀들아 주 안에서 너희 부모에게 순종하라 이것이 옳으니라 ²네 아버지와 어머니를 공경하라 이것은 약속이 있는 첫 계명이니 ³이로써 네가 잘되고 땅에서 장수하리라"(엡 6:1-3).

성경은 자녀들에게 주 안에서 부모에게 순종하며 공경하라고 명령한다. 순종의 첫걸음은 가정에서부터 시작되기 때문이다. 하나님의 은혜로 말미암아 부모의 몸을 통해서 세상에 태어난 아이가 부모에게 순종하는 것은 마땅한 일이다.

부모에게 순종하라는 것은 하나님의 말씀을 가르치는 부모의 말씀에 따르며 그 권위를 인정하라는 뜻이다. 부모에게 순종하는 것은 하나님에게 순종하는 것으로 연결된다. 부모에게 순종하는 자는 보이지 않는 하나님께도 순종할 수 있기 때문이다. 부모에게 순종하는 것은 하나님께 순종하는 것처럼 선택사항이 아니라 의무사항이다. 부모에게 순종하는 것은 창조질서를 인정하는 것이고 가정과 교회의 질서를 바로 세우는 것이다. 나아가 부모에게 순종하는 자는 복을 받고 장수하게 될 것이라고 하나님께서 약속하셨다(엡 6:3).

부모에게 순종하는 데는 두 가지 조건이 있다. 첫 번째 조건은 주 안에서 부모에게 순종하는 것이다. 그것은 부모의 모든 말이나 지시에 순종하는 것이 아니라 주 안에서 부모에게 순종하는 것이다. 하나님을 부정하거나 그의 말씀에 순종하지 말라는 부모의 말에는 순종할 수 없다. 잘못된 것을 지시하거나 죄를 짓도록 명령하는 경우 또한 순종할 수가 없다.

두 번째 조건은 모든 자녀가 자기 부모에게 순종해야 한다는 것이다. 어린아이만 부모에게 순종하는 것이 아니라 젊은 부모도 자신의 부모에게 순종해야 한다. 하나님과 부모에게 순종하는 삶은 어린아이들이 말없이 보고 배우게 된다. 아이들은 부모의 말보다 그들의 행동을 더 중요하게 생각하고 모방하게 된다.

99 순종과 불순종의 결과는 본인의 몫이다

"^{26}내가 오늘 복과 저주를 너희 앞에 두나니 ^{27}너희가 만일 내가 오늘 너희에게 명하는 너희의 하나님 여호와의 명령을 들으면 복이 될 것이요 ^{28}너희가 만일 내가 오늘 너희에게 명령하는 도에서 돌이켜 떠나 너희의 하나님 여호와의 명령을 듣지 아니하고 본래 알지 못하던 다른 신들을 따르면 저주를 받으리라"(신 11:26-28)

우리가 하나님의 말씀에 순종하느냐 아니면 불순종하느냐를 선택하는 것은 매우 중요하다. 순종하면 복을 받을 것이고 그렇지 않으면 저주를 받기 때문이다(신 11:26-27, 신 30:19).

나는 아들이 대학에 다니기 위해 집을 떠날 때 신앙생활과 학업과

130

관련하여 몇 가지 부탁을 했다. 부모 품을 떠나 객지에서 살아야 하는 아들에게 아버지로서 할 수 있는 간곡한 부탁이었다. 그중에 신앙생활에 대해서는 "무슨 일을 하든지 그 기준은 하나님의 말씀이다. 어떤 일을 할 때 하나님이 그 일을 기뻐하신다고 판단이 되면 열심을 품고 그 일을 하거라. 만약 하나님께서 원하지 않으신다고 생각이 들면 그 일을 하지 말아라."라고 했다. 학교 공부보다도 믿음으로 살아가는 것이 더 중요하다는 점을 강조한 것이다.

우리 앞에는 우리를 유혹하는 것들이 많이 놓여있다. 보기에 좋고 먹음직스러운 크고 작은 열매들이며 그 열매를 따 먹는 것은 우리의 결정에 달려있고 결과는 오로지 본인의 몫이 된다. 불순종에 대한 대가는 스스로 치러야 한다. 그것은 다른 사람의 탓이나 잘못이 아니라 우리 자신들의 실수요 불순종이며 죄일 뿐이다. 하나님은 오늘도 우리의 온전한 순종을 원하신다.

99 배추를 거꾸로 심으라

펜윅(Fenwick) 선교사의 뒤를 이어 두 번째로 침례교 총회장으로 취임한 사람은 목사 안수를 받은 지 2년밖에 안 된 30세의 이종덕 목사였다. 목회 경험이나 나이로 보면 너무 어린 목사였다. 이종덕 목사가 펜윅 선교사에게 신임을 받은 배경에는 그의 완전한 순종이 있었다.

이종덕 목사가 원산에서 펜윅 선교사에게 신학을 배우던 때였다. 어느 날 원산에 모인 침례교 임원들에게 펜윅 선교사가 배추 한 포기씩을 나누어 주면서 거꾸로 심으라고 지시한 후 밖으로 나갔다. 선교사가 자리를 비우자 대다수의 참가자들은 자신들의 판단대로 바로 세워서 심었다. 그러나 이종덕 목사를 비롯한 몇몇 목사들은 펜윅 선교사가 지시한 대로 배추를 거꾸로 심었다. 펜윅 선교사는 자신의 지시를 따른 이종덕 목사를 칭찬했다.

6·25 전쟁 중에 충남 강경 침례교회에서 목회를 하던 이종덕 목사는 교인들과 함께 남쪽으로 피난을 가는 대신 교회를 지켰다. 인민군에게 자신이 목사임을 알리며 복음을 전하던 그는 전세가 불리해져서 퇴각하는 인민군에게 총살을 당했다. 그러나 한 사람의 순종이 교회와 교단의 발전을 가져왔고, 후손들이 대를 이어 믿음으로 살아가는데 밑거름이 되었다.

3. 진정한 회개를 하라(Repentance)

모든 사람은 죄인이다

🥰 죄를 짓지 않는 의인은 없다

"선을 행하고 전혀 죄를 범하지 아니하는 의인은 세상에 없기 때문이로다"(전 7:20)

조부모가 아이에게 마땅히 가르쳐야 할 것 중에는 회개가 포함되어야 한다. 칼빈은 "회개란 하나님께 대한 진정한 경외심에서 발생하는 것이며 옛사람이 죽고 성령께서 살아나게 하시는 것을 의미한다"고 했다.

제사장과 서기관도 죄인이다. 극악무도한 사람들과 협잡꾼도 죄인이다. 높은 자리에 앉아 있는 자들도 죄인이고, 도덕주의자들과 위선

자들 모두가 죄인이다. 죄가 밖으로 드러난 사람과 그렇지 않은 사람의 차이만 있을 뿐이다. 성경에서 말하는 죄는 겉으로 드러나는 것뿐만 아니라 마음속의 죄를 포함한다. 세상에서 선을 행하고 죄를 전혀 범하지 않는 사람은 없으며(전 7:20), 모든 사람이 죄를 범하므로 말미암아 하나님의 영광에 이르지 못한다(롬 3:23). 따라서 우리의 죄를 하나님께 자백하는 회개는 매우 중요하다. 회개를 통해 하나님과 화해를 해야 하며 하나님께 죄 사함을 받아야 한다. 하나님은 자신의 죄를 인정하고 회개하는 죄인을 용서해 주시고, 죄를 사해 주신다. 올바른 회개는 우리가 죄인이라는 사실을 인정할 때 가능하다.

아이들에게 죄를 짓지 말라고 가르치는 것은 중요하다. 실수라 할지라도 다른 사람에게 잘못을 저질렀다면 진심으로 회개하는 용기를 내도록 가르쳐야 한다. 잘못을 바로 잡지 못하면 용서를 받을 기회가 사라지며 회개가 없으니 용서나 화해가 있을 수 없다. 찰스 피니는 "만약 철저한 회개와 충분한 책임 없이도 하나님이 당신을 받아들일 수 있다고 생각한다면 당신은 하나님을 전혀 모르고 있는 것이다."라고 말했다. 하나님으로부터의 용서는 철저한 회개가 필요하다. 진정한 회개는 마음과 생활 양면에서 변화를 동반하는 것이다.

99 죄의 삯은 사망이다

"죄의 삯은 사망이요 하나님의 은사는 그리스도 예수 우리 주 안에

있는 영생이니라"(롬 6:23)

죄가 무서운 것은 그 대가가 사망이기 때문이다(롬 6:23). 그러므로 모든 사람은 자신의 죄를 하나님 앞에 회개하고 용서받아야 한다. 한 사람의 죄인이 많은 선을 무너지게 하고(전 9:18), 회개하지 아니하면 다 망할 것이기 때문이다(눅 13:3).

예수님의 첫 번째 사역은 사람들에게 회개하라고 외치는 것이었다. 예수님은 기회 있을 때마다 천국이 가까이 왔기 때문에 회개하라고 선포하셨다(마 4:17). 언제 죽을지 모르는 인생이기에 속히 회개하라는 말씀이다. 예수님의 제자들도 유대와 사마리아와 땅끝까지 다니며 회개하라고 외쳤다. 선지자들도 왕과 백성들에게 회개하라고 가르쳤다. 하나님은 회개하는 죄인을 용서하실 뿐만 아니라 그로 인해 기뻐하신다는 사실은 죄인인 우리에게 희망을 준다.

진정한 회개는 믿음의 시작이다
❝ 즉시 회개하라
"이때부터 예수께서 비로소 전파하여 이르시되 회개하라 천국이 가까이 왔느니라 하시더라"(마 4:17)

예수님이 이 땅에 오신 목적 중 하나는 죄인을 불러 회개시키시기 위함이다(눅 5:32). 예수님께서 "회개하라 천국이 가까이 왔느니라"(마 4:17)고 명령하신 것은 매우 중요한 의미를 담고 있다. 이 말씀은 우리가 지구의 종말이 언제 일지 알 수 없다는 것과 우리의 생명이 언제 끝이 날지도 모른다는 뜻을 포함하고 있기에 죄는 깨닫는 즉시 회개해야 한다. 죄를 깨닫는 것만으로는 부족하다. 회개는 잘못을 깨달을 뿐만 아니라 용서를 구하는 것이기 때문이다. 진정한 신앙은 온전한 회개로부터 시작된다.

회개하지 않으면 하나님께서 주시는 복을 온전히 누릴 수 없다. 죄에 대해 변명하거나 회개를 미루는 것은 위험하다. 회개를 미루면 죄에 대한 의식이 희미해지고, 양심이 굳어지며 마귀의 종노릇을 하는 기간이 길어지게 되며 또 다른 죄를 범하게 되는 위험이 있다. 죄는 우리와 하나님 사이를 갈라놓는 장애물이기 때문이다.

죄를 회개하지 않은 사람은 그에 합당한 벌을 받는다. 이스라엘의 초대 왕인 사울 왕은 잘못된 제사를 드리고도 회개하지 아니하고 변명하다가 왕위를 아들이 아닌 다윗에게 물려주었다. 유다 왕 아마샤는 선지자를 통해 하나님의 경고의 말씀을 들었을 때 회개하기는커녕 그를 치려고 하였다. 그의 교만과 하나님을 업신여긴 죄로 인해 그는 반역자에게 죽임을 당했다.

우리는 모두 죄인이다. 죄를 회개하고 하나님께 용서를 받은 죄인과 회개하지 아니하고 죄악 가운데에서 살아가는 죄인은 다르다. 용서받은 죄인은 천국에 들어가지만 용서받지 못한 죄인은 그렇지 못하다. 회개한 베드로와 바울 사도는 예수님의 제자가 되어 복음을 전했지만, 회개하지 아니한 가룟 유다는 스스로 목숨을 끊었다. 사랑하는 손주에게 회개의 중요성을 가르쳐야 한다. 회개할 기회가 사라지기 전에 온전한 회개를 하여야 한다. 하늘에서는 죄인 한 사람이 회개하는 것을 의인 아흔아홉보다 더 귀하게 여기신다(눅 15:7).

” 회개에 합당한 열매를 맺으라

"그러므로 회개에 합당한 열매를 맺고"(마 3:8)

입으로 자신의 죄를 회개하는 것은 중요하다. 동시에 그에 합당한 모습을 보여야 한다(마 3:8). 회개의 흔적, 즉 회개에 합당한 열매를 맺어야 진정한 회개이다.

다윗은 우리아의 아내 밧세바를 범한 죄를 선지자 나단이 지적하자 즉시 하나님께 죄를 자복하고 회개했다. 그러나 그의 아들 솔로몬은 우상숭배를 하지 말라는 하나님의 경고를 무시했다. 다윗은 '하나님의 마음에 합한 자'라는 칭찬을 받았지만, 솔로몬이 회개하지 않음으로 인해 아들 르호보암과 그의 후손들이 솔로몬이 지은 죄의 대가(代價)를 치러야 했다.

130여 년 전 선교사들이 전국을 돌아다니며 기독교 복음을 전하자 왕족에서부터 천민에 이르기까지 다양한 계층의 사람들이 복음을 영접했다. 그중에는 사람들의 존경을 받는 사람도 있었으며 사회적으로 지탄받는 사람들도 있었지만, 그들은 모두 자신들의 잘못을 철저하게 회개했다. 그들의 회개는 주변 사람들을 감동시키고, 이 땅에 복음이 빠르게 확산되는 데 크게 기여했다. 그들은 혹독한 박해와 어려움 속에서도 전도 여행을 통해 하나님의 말씀을 전했으며 그들의 삶은 그리스도인을 박해하다가 다메섹에서 예수님의 음성을 들은 후에 변화하여 복음 전도자가 된 바울의 모습을 떠올리게 한다.

1907년에 일어났던 평양 대부흥운동도 원산에서 복음을 전하던 하디 선교사의 철저한 회개에서부터 시작해서 전국적으로 확산되었다. 경기도와 강원도의 경계지역인 철원의 복음 전도에도 윤승근이라는 사람의 회개에서 시작됐다. 험한 산준령을 넘는 것만큼 어려웠던 강원도 지역 선교는 회개한 한 사람의 헌신적인 노력의 결과 산을 넘고 산맥을 따라 복음이 전해질 수 있었다. 이러한 역사는 복음이 전해지는 곳마다 일어났다.

가족에게 회개하라
〞 부모에게 회개하라
"아들이 이르되 아버지 내가 하늘과 아버지께 죄를 지었사오니 지금

부터는 아버지의 아들이라 일컬음을 감당하지 못하겠나이다 하나"(눅
15:22)

　죄를 회개할 대상은 이웃이나 친구뿐만이 아니다. 우리가 회개해야
할 첫 번째 대상은 자기 가족들이다. 우리는 부모와 형제에게 많은 잘
못을 저지르면서도 그 사실을 인식하지 못하는 경우가 적지 않다. 누
가복음에 등장하는 돌아온 탕자 이야기는 가족 간에도 회개와 용서
가 필요하다는 것을 알게 해 준다.

　아버지에게 자신의 몫을 받아 타국에 가서 탕진한 둘째 아들은 먹
을 것이 없어 굶어 죽을 지경에 이르러서야. 자신의 행동을 돌아보게
되었다. 그는 자신의 행동이 아버지에게 큰 죄악이었음을 깨닫고, 삶
을 포기하는 대신 아버지에게 돌아가기로 결심했다. 집을 떠날 때의
당당했던 아들의 자격으로서가 아니라 아버지 집에서 품꾼으로 살면
서 죽음이라도 면해보고자 하는 마음으로 돌아왔다. 집으로 돌아온
그는 아버지를 만나자 먼저 자신의 잘못을 고백하고 용서를 구했다
(눅 15:22).

　대문 앞에서 집 나간 아들이 돌아오기만을 기다리던 아버지는 자신
의 잘못을 회개하는 아들을 반갑게 맞아주었다. 왜 집을 나갔느냐고
질책하거나 잘못을 꾸짖지도 않았다. 오히려 사랑하는 아들이 살아
서 돌아온 것만으로도 기뻐서 그를 위해 큰 잔치를 베풀었다. 좋은 옷
을 입히고 온 가족과 함께 기쁨의 잔치를 베푼 아버지의 마음은 회개

하는 죄인을 바라보는 하나님의 마음이다. 진정한 회개는 부모의 마음을 감동시키며 사랑을 베풀게 해준다.

99 형제에게 회개하라

"³자기는 그들 앞에서 나아가되 몸을 일곱 번 땅에 굽히며 그의 형에서에게 가까이 가니 ⁴에서가 달려와서 그를 맞이하여 안고 목을 어긋맞추어 그와 입맞추고 서로 우니라"(창 33:3-4)

외삼촌의 박해를 피해 고향으로 돌아가던 야곱은 형 에서에게 저지른 잘못 때문에 늘 두려움에 사로잡혀 있었다. 어머니 뱃속에서부터 다투고 경쟁하던 사이였던 야곱은 쌍둥이 형인 에서를 속여 장자의 축복을 가로챘기에 가족과 함께 고향으로 돌아가는 발걸음이 무겁고 보복이 몹시 두려워 인간적인 방법을 동원해가며 형의 화를 가라앉히고자 했으나 마음속 깊은 곳에서 나오는 두려움을 극복하지 못했다. 이스라엘에서 가장 중요한 장자권을 가로채고, 아버지로부터 장자의 축복을 받았던 야곱으로서는 형에게 용서받지 못할 큰 죄를 저질렀기 때문이다.

그는 고향에 가까이 갔을 때 가족들을 먼저 얍복강을 건너게 한 후 혼자 남아서 하나님께 도와 달라고 간절히 기도했다. 천사의 확약을 받은 그는 형을 만나자 자신의 잘못을 고백하고 용서를 구했다. 아내와 자녀, 종이 보는 앞으로 나가서 형에게 일곱 번 절을 하고 회개했다(창 33:3-4). 자신의 잘못을 고백하고 형의 용서를 구하는 모습은 그의 자녀들에게는 좋은 교훈이 되었다. 비록 형제일지라도 잘못을 저지른 자는 진심으로 회개해야 한다는 것을 직접 실천하며 가르쳐 준 것이다.

예수님께서는 만일 형제가 죄를 범하면 경고하고 회개하면 용서하라고 말씀하셨다(눅 17:3). 또 하루에 일곱 번 죄를 지은 후 일곱 번 돌아와서 회개하더라도 그를 용서해 주라고 말씀하셨다(눅 17:4). 예수님은 자기에게 죄를 범한 형제를 일곱 번을 일흔 번까지라도 용서하라고 하셨다(마 18:21-22). 우리에게 잘못을 저지른 형제가 자기 잘못을 깨닫고 회개하면 그 형제를 진심으로 용서해 주라는 명령이다.

나에게 잘못한 형제를 무조건 용서해 주는 것은 쉬운 일이 아니다. 그럴 때 우리는 하나님의 무한하신 사랑을 기억해야 한다. 용서받을 수 없는 죄인인 우리를 용서해 주셨을 뿐만 아니라 사랑으로 품어주시는 하나님의 은혜에 감사해야 한다. 하나님의 죄 사함을 받지 못하면 우리는 결코 천국에 들어갈 수 없는 죄인이기 때문이다. 회개하지 않는 사람은 망하게 된다(눅 13:3).

4. 생명을 살리는 헌신을 하라(Sacrifice)

희생은 참 사랑의 표현이다
🙾 희생에는 대가가 따른다

"인자가 온 것은 섬김을 받으려 함이 아니라 도리어 섬기려 하고 자기 목숨을 많은 사람의 대속물로 주려 함이니라"(마 20:20, 막 10:45)

조부모가 손주에게 가르쳐야 할 것 중에는 희생과 헌신이 꼭 포함되어야 한다. 진실한 헌신은 사람의 마음을 녹이고 움직이는 힘이 있으며 자신을 사랑하는 사람은 가족과 이웃을 사랑하며 살아간다. 주변 사람을 사랑하지 않으면 진정한 행복을 누릴 수 없다. 인간이 살아가는데 희생과 헌신이 없다면 사회에서는 크고 작은 분쟁이 끊이지 않는다. 이는 교회나 가정에서도 마찬가지이다. 개인주의가 팽배한 현대 사회에서 그리스도인들에게 요구되는 것은 자기 헌신이다.

예수님은 자신이 이 땅에 오신 것은 섬김을 받으려 함이 아니라 죄인을 섬기기 위해서라고 말씀하셨다(마 20:20, 막 10:45). 예수님은 직접 십자가에서 죽으심으로 참 희생의 본을 보여주셨다.

희생에는 대가가 따르며 희생은 우리의 시간과 물질, 노력을 요구한다. 예루살렘에서 여리고로 내려가다가 강도를 만난 사람의 이야기는 참된 희생이 어떤 것인지를 보여준다. 제사장도, 레위인도 강도를 만나 신음하는 사람을 피했지만, 그 사람을 돌본 것은 사마리아 사람이었다. 그는 여행 중 시간을 내서 그 사람을 살펴보고 상처를 싸매고 자기 짐승에 태워 주막으로 데리고 가는 수고를 했다. 또한 주막 주인에게 돈을 주며 환자를 돌봐줄 것을 부탁하고 추가로 비용이 들면 그것을 갚겠다고 했다(눅 10:30-35). 이처럼 참된 희생은 자신의 것을 포기하는 데서 시작된다. 참된 희생은 자기의 유익을 구하지 아니하는 진실한 사랑으로부터 나온다.

예수님은 죄인인 우리를 자신의 친구라고 하시면서 친구를 위하여 목숨을 버리는 것이 큰 사랑이라고 말씀하셨고(요 15:13) 예수님의 나라를 위해 목숨을 잃는 자는 얻으리라고 말씀하셨다(마 10:39, 16:25, 막 8:35, 눅 9:24).

〃 올바른 희생이 필요하다

"여자가 이르되 주여 옳소이다마는 개들도 제 주인의 상에서 떨어지는 부스러기를 먹나이다 하니"(마 15:27)

예수께서 시돈 지방으로 가실 때 가나안 여인 한 사람이 다가와서 흉악하게 귀신들린 딸을 구해달라고 큰소리를 질렀다. 제자들의 제지를 뿌리치고 겨우 예수님을 만나서 간청했지만, 이방 여인을 개에 비유하며 도와줄 수 없다는 예수님의 답변만 돌아왔다. 여인의 믿음을 시험하신 것이다. 이방 여인은 물러서지 않았다. 자신의 체면과 자존감을 모두 내려놓고 자신은 주인의 상에서 떨어지는 부스러기를 먹는 개가 되어도 좋으니 자기 딸을 구해달라고 다시 한번 간청했다 (마 15:27). 예수님은 자녀를 위해 자신의 모든 것을 내려놓은 여인의 믿음을 칭찬하시면서 여인의 소원을 들어주셨다(마 15:28).

야곱의 어머니 리브가는 야곱과 함께 남편 이삭을 속였다. 맏아들 에서를 대신에 자기가 사랑하는 둘째 아들인 야곱이 장자의 축복을 받게 만들었다. 리브가는 쌍둥이를 임신했을 때 하나님께서 들려주신 약속의 말씀이 이루어지기를 기다리지 못하고 인간적인 방법을 사용했던 것이다. 리브가는 거짓말이 이삭에게 발각될까 두려워하는 야곱에게 혹시 들켜서 저주를 받게 되면 그 저주는 자기가 받겠다고 야곱을 안심시켰다(창 27:13). 자기가 사랑하는 둘째 아들을 장자로 만들기 위해 거짓말을 서슴치 않았다. 리브가는 자기 목숨을 바쳐서라도 야곱에게 장자의 축복을 해 주고 싶었던 것이다. 아무리 아들을 사랑한다고 해도 이런 말을 하는 것은 옳지 못한 일이다. 남편과 맏아들을 속였던 리브가는 외삼촌 집에서 종살이하던 야곱과 그의 자녀들을 보지 못하고 죽었다.

리브가와 가나안 여인을 보면 '여자는 약하나 어머니는 강하다'라는 말이 떠오른다. 어머니는 자녀를 위한 일이라면 자신의 자존심이나 체면을 돌보지 아니한다. 더구나 자기의 목숨까지도 내놓고 자녀를 위해 희생할 각오가 되어 있다. 그러나 자녀를 사랑하는 방법은 하나님이 기뻐하시는 것이어야 한다.

민족을 위해 희생하라

❞ 민족을 위해 목숨을 걸고 기도한 모세

"그러나 이제 그들의 죄를 사하시옵소서 그렇지 아니하시오면 원하건대 주께서 기록하신 책에서 내 이름을 지워 버려 주옵소서"(출 32:32)

성경에 등장하는 모세, 에스더와 같은 위대한 인물들의 공통점은 하나님의 영광을 위해서는 자신의 목숨을 아끼지 않았다는 것이다. 민족의 구원을 위해서도 자신의 희생을 두려워하지 않았다. 일제 강점기 동안에 나라의 광복을 위해 순교를 두려워하지 않았던 우리에게도 믿음의 선조들이 있다. 그들은 일제의 신사에 참배하는 것을 거부하다가 옥중에서 순교하기도 했고, 모진 고문을 당해 불구의 몸으로 생을 마감하기도 했다.

이스라엘 백성들이 홍해를 건너 광야에서 지낼 때 하나님을 배반하는 사건이 일어났다. 모세가 시내 산에서 하나님의 계명을 받는 동안 산 밑에 머물던 이스라엘 백성들이 금송아지를 만들고, 여기에 모세의 형 아론도 합류한 사건이다. 그들은 하나님 대신에 금송아지가 자기들을 여기까지 인도해 준 신이라고 하면서 금송아지에게 제사를 지냈다(출 32:1-6). 하나님의 은혜를 배반하는 행위였다. 이에 하나님께서 이스라엘 백성들을 진멸하시겠다고 하셨지만 모세는 하나님께 백성들의 죄를 용서해 달라고 간절히 기도했다. 하나님께서는 모세의 기도를 들으시고 벌을 내리지 아니하셨다.

문제를 해결하고 난 후 모세는 다시 하나님 앞에 섰다. 모세는 백성들이 우상을 섬긴 잘못을 용서해 달라고 기도했다. 만약 백성들이 저지른 죄를 사하시지 않겠다면 자신의 이름을 하나님께서 기록하신 책에서 지워달라고 했다. 모세의 간절한 기도 속에는 자기가 이끄는 이스라엘 민족을 위해서라면 자기 목숨도 기꺼이 내어놓겠다는 의지가 들어있다(출 32:21-32).

백성들의 범죄가 자기의 잘못이라는 의식을 가진 모세의 기도는 위대한 기도이다. 세상의 권세와 평안함을 버리고 고통받는 자기 민족을 위해 자신의 부와 명예를 버리고자 했던 모세의 신앙은 위대한 희생의 결단이었다. 백성이 저지른 죄를 대신 짊어지겠다고 하는 모세의 간절한 기도는 오늘날 우리나라 교회 지도자들과 어른들이 본받아야 할 가치 있는 기도이다. 지금은 자신의 이익을 취하지 아니하고 민족의 구원을 위해 목숨을 내어놓고 기도하는 교회 지도자들이 요구되는 시대다.

99 민족을 위해 목숨을 건 에스더

민족을 위한 희생의 본을 보인 사람 중에는 에스더를 빼놓을 수 없다. 왕후 와스디의 뒤를 이어 아하수에로 왕의 아내가 된 에스더에게 사촌 오빠인 모르드개가 급한 전갈을 보낸다. 이스라엘 백성을 모두 죽이라는 왕의 조서였다. 모르드개가 대궐 문에 있는 모든 사람이 하만에게 꿇어 절하라는 왕의 명령을 거절하자 하만이 이를 핑계 삼아 모르드개를 비롯한 이스라엘 백성을 죽이겠다는 것이었다. 왕의 조서 초본을 본 에스더는 눈앞이 캄캄해졌다. 이 위기의 순간에 왕비인 자기가 민족을 위해 아무것도 할 수 없었기 때문이다. 이때 에스더는 민족을 구하기 위해서 중대한 결심을 했다. 에스더는 죽음을 각오하고 사촌 오빠의 조언을 따라 왕 앞에 나가서 자기 민족을 구해달라고 부탁하기로 했다. 왕의 부르심이 없이 왕에게 나아가는 자는 죽임을 당할 수 있었지만, 민족의 멸망을 가만히 앉아서 바라볼 수만은 없었기 때문이다. 자기는 궁정에서 자기 시녀와 함께 금식하면서 사촌 오빠인 모르드개에게 온 유다인을 모아서 3일 동안 금식하며 기도하라고 부탁했다. 에스더는 부름을 받지 않은 상황에서 왕 앞에 나가기를 결심하면서 자신의 신앙을 간증하였다.

"수산에 있는 유다인을 다 모으고 나를 위하여 금식하되 밤낮 삼 일을 먹지도 말고 마시지도 마소서 나도 나의 시녀와 더불어 이렇게 금식한 후에 규례를 어기고 왕에게 나아가리니 죽으면 죽으리이다 하니라"(에 4:16).

그는 죽으면 죽으리라는 결심을 하고 왕에게 나아갔다. 왕비로서의 안락한 삶을 추구하지 아니하고 민족의 구원을 위해 자기의 목숨을 버릴 수 있다는 에스더의 믿음은 정말 위대한 믿음이다. 하나님께서는 민족의 생사가 달린 위급한 상황에서 금식하며 기도하는 에스더와 온 유다 백성의 기도를 들어주셨다. 이스라엘 백성은 목숨을 구했고, 이스라엘 백성을 멸망시키고자 했던 하만은 죽임을 당했다.

자신을 버려 점자를 만들다

,, 시각 장애인을 위해 시력을 바치다

현재 우리나라 시각 장애인들이 사용하는 점자는 세종대왕이 한글을 반포한 1446년으로부터 480년이 지난 1926년 11월 4일에 반포한 훈맹정음이다. 재생원 맹아부 교사로 일하던 시절 박두성 교장(당시 선생)이 만든 점자다. 박두성 교장은 시각 장애인을 위해 평생을 바쳤다. 그는 열두 살에 정동교회에서 세례를 받고 가족들과 함께 열심히 신앙생활을 하였다.

148

그는 교육열이 강한 부모 덕분에 강화도에 있는 보창학교에서 신학문을 배웠으며 1908년에 한성사범학교를 졸업한 그는 어의동 보통학교 교사로 부임을 했다. 몇 년 후에는 제생원 부설 맹아부 교사로 임명을 받았다. 그곳에서는 10여 년 전에 평양에 거주하던 홀 선교사의 부인 로제타 홀 여사가 뉴욕 포인트라는 점자를 한글 점자로 바꾸어서 여자 시각 장애인을 가르치는 점자로 사용하고 있었다. 유일한 한국인 교사였던 그는 홀 여사가 개발한 한글 점자 사용의 어려움을 해결하고자 1920년부터 시각 장애인을 위한 한글 점자를 연구하고 점자를 사용하는 제자들과 함께 노력한 그는 6년 4개월 만에 오늘날 사용되는 '훈맹정음'을 창안했다.

그는 한글 점자를 개발한 후 직접 점자판을 만들어 학생들의 교재를 점역하였다. '천자문'과 '조선어 독본'을 통신교재로 사용하여 시각 장애인들이 점자를 익히고 지식을 습득하도록 했다. 이어서 1927년부터는 일제의 감시를 피해 여덟 살 된 딸 박정희의 도움을 받아 성경을 점역했다. 어린 딸이 성경을 읽어주면 아버지가 점역하는 작업을 거쳐 1년 5개월 만인 1932년 9월에 아연판 88장에 마태복음을 한글 점자로 완성했다. 인천 내리교회 부설 영화학교 교장으로 재직하던 1941년에는 신약성경 전체를 점역했고, 70세가 되던 1957년에는 구약 성경 점역을 마쳤다.

그는 평생 76권을 점역하면서 두 번의 실명 위기를 맞았으며, 심한 허리 통증으로 고생했으며 말년에는 몸을 제대로 움직일 수 없는 중

풍으로 고생하였다. 그는 온몸을 바쳐 한글 점자 개발과 점자책 보급에 힘을 쏟았다. 그리스도의 사랑과 희생을 실천한 것이다.

지금 우리에게 필요한 것은 하나님 나라를 위해서는 자신의 모든 것을 내어놓을 수 있는 믿음이다. 나라와 민족을 위해 땀 흘려 일하는 것 못지않게 기도하는 것이 중요하다. 금식하고 기도하면서 우리 민족의 죄악이 무엇인지 깨닫고, 회개하는 믿음이 필요하다. 친구를 위해 자기 목숨을 버리는 것이 큰 사랑(요 15:13)이라고 하신 하나님은 우리에게 가족과 민족의 구원을 위해 목숨을 바칠 각오를 가지기를 원하고 계신다.

5. 믿음의 역사를 잊지 말라(History)

옛날을 기억하라

99 기록이 중요하다

"²¹이스라엘 자손들에게 말하여 이르되 후일에 너희의 자손들이 그들의 아버지에게 묻기를 이 돌들이 무슨 뜻이니이까 하거든 ²²너희는 너희의 자손들에게 알게 하여 이르기를 이스라엘이 마른 땅을 밟고 이 요단을 건넜음이라"(수 4:21-22)

조부모들이 손주에게 물려주고 가르쳐야 할 것 가운데 하나가 기록의 중요성이다. 기록은 인간의 기억을 넘어서는 강력한 수단이기 때문이다. 기록은 구전(口傳)보다 훨씬 더 정확하다. 구전은 이야기가 전해지는 과정에서 조금씩 내용이 바뀔 위험이 있지만, 기록은 그렇지 않다. 그래서 옛사람들은 '기록이 기억을 지배한다'고 말했다. 기

151

록하지 않은 사건이나 정보는 소멸되거나 왜곡되기 때문이다. 올바른 기록은 세월이 흐를수록 더욱 중요해진다.

〃 믿음의 유산을 찾아라

나는 2010년 직장에서 은퇴를 한 후 지금까지 전국에 있는 믿음의 유산을 찾아다니고 있다. 역사가 100년이 넘는 교회를 찾아가서 후손들에게 남길 만한 믿음의 역사를 발굴하여 글로 남기기 위해서다. 그동안 자동차를 몰고 다닌 거리가 60만 킬로미터가 넘는다.

오랜 역사를 가진 교회를 방문하면서 많은 믿음의 가문을 만났다. 100년이 넘도록 믿음의 유산을 잘 이어가는 가문의 이야기를 『믿음, 그 위대한 유산을 찾아서1,2』라는 책으로 출간했다. 작은 시골교회에서 충성한 가문의 이야기도 있고, 민족 복음화를 위해 목숨을 바친 인물에 대한 이야기도 있다. 어떤 분은 일제 강점기에 신사참배를 거부하다 고난을 당하면서도 조국의 독립을 위해 만세운동에 앞장서기도 했으며 6·25 전쟁 중에 교회를 지키다가 순교를 당한 인물도 있다.

이 두 권의 책을 집필하는데 가장 어려웠던 점은 자료의 빈약함이다. 정확한 설립연도와 초대 교인에 대한 자료가 없는 교회도 적지 않다. 심지어 왜곡된 역사를 가진 교회도 있다. 100년 가까이 믿음으로 살아가는 가문의 이야기를 전해줄 기록이 하나도 남아 있지 않은 가문이 적지 않으며, 또 이런 경우에는 후손들의 증언에만 의존 할 수밖에 없다. 하지만 이런 기회도 가문의 신앙 역사를 증언해줄 사람의 고령화로 인해 증언을 들을 수 있는 기회는 빠르게 사라지고 있다. 그러다 보니 한 가문의 신앙 역사를 정리하는데 필요한 자료를 수집하기 위해 10여 개의 교회를 방문하고, 여러 명의 후손과 관련 인물을 만난 경우도 다반사다.

여호와의 능력을 기억하라
❞ 하나님의 능력을 기록하라

"여호와께서 모세에게 이르시되 이것을 책에 기록하여 기념하게 하고 여호수아의 귀에 외워 들리라 내가 아말렉을 없이하여 천하에서 기억도 못 하게 하리라"(출 17:14)

가나안 땅의 극심한 흉년을 견디지 못해 애굽으로 이주했던 야곱과 그의 후손들은 400년 동안 애굽에서 살았다. 백성들이 고된 노동으로 신음하는 모습을 불쌍히 여기신 하나님께서 모세를 지도자로 세우시고 이스라엘 백성들을 애굽에서 나오게 하셨다. 하지만 하나님께서 약속하신 가나안 땅으로 들어가는 길은 고난의 연속이었다. 애굽을 탈출하여 홍해를 건넌 이스라엘 백성들의 앞길을 아말렉이 막고 비무장 상태인 이스라엘 백성들을 습격했다.

이스라엘 백성들은 두려움에 떨었다. 지도자 모세는 젊고 용맹한 여호수아에게 아말렉과의 전쟁을 맡기고 자신은 아론과 훌과 함께 시내 산으로 갔다. 모세는 두 사람의 도움을 받아 하나님께 기도했다. 온종일 두 손을 들고 하나님께 기도했다. 모세의 손이 올라가면 이스라엘이 이기고, 손이 내려가면 아말렉이 이기는 과정을 반복하다가 결국에는 이스라엘 백성이 전쟁에서 승리했다. 하나님께서 이스라엘 백성에게 승리를 허락하셨기 때문이다.

하나님께서는 가나안 땅으로 들어가기 전에 치른 첫 번째 전쟁에서 승리한 이스라엘 백성들에게 이 전쟁의 승리는 하나님이 도우셨다는 사실을 제대로 알리라고 하셨다. 이스라엘 백성들의 힘으로 승리한 것이 아니라는 점을 알리라고 하신 것이다. 여호수아의 전술이 탁월했거나 이스라엘의 전력이 월등했기 때문도 아니었다. 하나님께서 승리하게 하셨기 때문이다.

하나님께서는 기록된 내용을 여러 번 반복하여 읽어주어 외우도록 하라고 명령하셨다. 반복해서 읽고, 듣게 함으로써 이스라엘 백성들에게 하나님이 베푸신 사랑과 능력을 전하려 하신 것이다. 세월이 흐른 후 이스라엘 백성이 하나님의 능력과 은혜를 잊지 않게 하는 가장 좋은 방법은 하나님께서 이스라엘 백성을 사랑하신 구체적인 사실을 글로 기록해 두는 것이기 때문이다.

〃기록은 후손들의 교육 자료이다

"이 일이 장래 세대를 위하여 기록되리니 창조함을 받을 백성이 여호와를 찬양하리로다"(시 102:18)

154

우리가 기록하는 것은 나중에 그것을 다시 읽어보거나 다른 사람에게 정보를 제공하는 데 목적이 있다. 우리가 눈으로 보고, 귀로 듣는 정보를 모두 기억할 수는 없다. 많은 양의 정보를 모두 기억하는 것은 매우 어렵다. 심리학자들은 사람은 기껏해야 한 번 읽은 것의 10%만 기억할 수 있다고 한다. 중요한 정보를 다른 사람에게 전달하거나 보존하는 데는 기록이 가장 좋다.

하나님께서는 역사적으로 중요한 사건을 기록으로 남기라고 명령하신다. 후일에 그 사건을 알지 못하는 후손들에게 그 사건에 대해 교육하는 데 사용하라는 것이다. 하나님께서 이스라엘 백성에게 어떤 복을 주셨는지, 어떻게 인도하셨는지를 정확하게 알려서 후손들이 하나님을 경외하며, 그의 말씀에 순종하며, 하나님을 찬양하라고 명령하시는 것이다.

하나님의 말씀과 명령을 잊지 않기 위해서는 기록으로 남기는 것이 제일 좋다. 그래야 시간이 흘러도 그 내용이 변하지 않는다. 기록된 하나님의 말씀은 영원히 후손에게 전달될 것이다. 그리스도인들은 믿음의 선진들이 기록한 하나님의 말씀을 읽고, 들으며 그것을 행함으로써 하나님이 주시는 복을 누리는 특권을 가지고 있다.

모세는 하나님이 명하신 대로 그 노정을 따라 이스라엘 백성들이 행진한 것을 기록했다(민 33:2). 이는 이스라엘 백성들이 가나안 땅으로 인도하신 하나님을 기억하게 하시는 것이었다. 하나님께서는 기록을 통해 개인과 가정, 그리고 한 민족을 사랑하시고 인도하신다는 것을 나타내신다. 그리고 하나님께서는 이스라엘 백성들이 약속의 땅인 가나안에 들어가서 살 때 반드시 지켜야 할 십계명은 직접 돌판에 새겨 주셨다(신 4:13).

신앙의 역사를 기록하라
〃 가문의 신앙의 역사를 남기라

"³이는 우리가 들어서 아는 바요 우리의 조상들이 우리에게 전한 바라 ⁴우리가 이를 그들의 자손에게 숨기지 아니하고 여호와의 영예와 그의 능력과 그가 행하신 기이한 사적을 후대에 전하리로다"(시 78:3-4)

시편 기자는 자기가 전하는 것은 조상들에게 물려받은 것이라고 말한다. 여호와의 영예와 그의 능력과 그가 행하신 기이한 사적들을 후대에 전하는 것이 조부모들이 해야 할 일이다(시 78:3-4). 후손들이 반드시 지켜야 할 신앙 규칙 등을 기록하여 후손들에게 전하라고 하신다.

후손에게 가문의 신앙 역사를 물려주기 위해서는 첫째, 가문의 신앙계보 혹은 가계도를 그린다. 이를 통해 가족관계를 한눈에 알아볼 수 있다. 언제 태어났고, 누구의 자녀이며, 형제는 어떻게 되는지 그리고 자기의 후손은 누구인지 등을 알 수 있다.

둘째, 가족 구성원 개인에 대한 믿음의 역사를 기록한다. 자기 가문에서 누가 예수를 믿는가를 기록하여 예수를 믿기 시작한 시기, 이유 등 믿음을 가지게 된 배경을 기록한다. 교회에서 어떤 직분을 맡아 봉사했는지에 대한 것도 기록으로 남긴다.

셋째, 신앙생활을 하면서 겪은 크고 작은 일 중에서 하나님의 은혜에 대한 감사를 기록한다. 고난을 어떻게 믿음으로 극복했는지를 기록하면 후손들의 신앙생활에 많은 도움이 된다.

기록된 가문의 신앙 역사는 가족의 생일이나 명절, 크리스마스나 부활절과 같은 절기에 온 가족이 모이는 때를 이용해서 함께 나누면 좋다. 이는 신앙의 대물림을 통해 세대 간의 소통을 원활하게 하는 귀한 기회가 되기 때문이다. 개인이나 가문의 신앙 역사는 교회의 역사와 연결되고 나아가 국가의 역사에도 유용하게 사용될 수 있다. 손주들과 함께 신앙 일기를 기록하는 것도 좋을 것이다.

우리나라에서 결핵 퇴치를 위해 최초로 크리스마스씰을 제작한 셔우드 홀 선교사의 아버지인 윌리암 홀 선교사는 1893년 초에 평양에 선교부를 설치하고 남산현교회를 설립하였다. 이 교회에서 서북지역 최초로 세례를 받은 여성은 조선 시대 말엽 평안남도 강서군의 한 시골 마을의 보령 군수를 지낸 김승지의 부인 전삼덕 전도사였다. 51세가 되던 1893년에 복음을 영접하여 기독교인이 되었다. 전삼덕 전도사는 평양 남산현교회 설립 초기부터 2년 동안 평양을 오가며 예배를 드리며 교리를 배웠다. 왕복 160리가 되는 먼 거리를 가마를 타거나 걸어서 다녔다.

1895년 스크랜튼(William B. Scranton, M. D.) 선교사와 오석형, 김창식, 이은성 등 네 사람이 김승지 집을 찾아왔다. 전삼덕 전도사에게 세례를 베풀기 위해 평양에서 온 것이다. 한복을 빌려 입은 선교사는 김승지 부인과의 사이에 있는 광목에 뚫린 구멍으로 내민 여인의 머리에 물을 떨어뜨려 세례를 베풀었다. 전통적인 유교 관습을 피해 여성에게 세례를 베푼 것이다. 이 장면은 개인의 이야기를 넘어서 우리나라 기독교 역사의 한 장면으로 기록될 가치가 있는 풍경이다. 전삼덕 전도사와 그의 가정의 신앙 역사는 전삼덕 전도사와 손녀인 김폴린 교수의 말과 글을 통해 전해지고 있다.

전삼덕 전도사의 맏손녀 김폴린은 할머니보다 3년 후에 유아 세례를 받았다. 고등학교를 졸업한 후에는 서울에 있는 이화학당에서 공부했다. 김폴린은 이화여자대학을 졸업한 후 감리교신학대학 교수를 역임했다.

김폴린 교수는 그의 저서 『주님이 함께한 90년』에 자신이 보고 듣고 느낀 가정의 신앙 역사를 상세하게 기록했다. 이 책은 개인과 가정의 신앙 역사와 1890년대의 북한에서의 초기 기독교에 대해서도 많은 것을 알게 해 주고 있으며 일제의 만행과 분단의 아픔을 안고 살아가는 많은 이산가족의 슬픔을 이해하도록 만들어 주고 있다.

또 가족들이 믿음의 역사를 공유하는 방법으로는 사이버 공간을 활용해도 좋다. 인터넷에 밴드나, 카페, 단톡방 등을 만들어 놓고 가족들에게 전하고 싶은 내용을 올려서 공유하면 된다. 시간과 공간적인 제약을 받지 않고 기도문을 전하거나, 사랑의 메시지를 전할 수도 있다. 사이버 공간에 축적된 자료를 정리하여 책으로 만들 수도 있다. 인터넷이나 스마트폰을 사용할 수 있는 사람이면 누구나 활용 가능한 편리한 방법이다.

신앙의 명문 가문은 다양한 방법을 통해 다음 세대에 복음을 전하기 위해 노력한다. 그중에서 기록은 중요한 역할을 한다. 자서전, 일기, 기도 노트 등을 활용하고 있다.

조상들이 남긴 믿음의 기록은 후손들에게 좋은 신앙 안내서 역할을 한다. 후손들에게 남기고 싶은 경험이나 생각, 지혜, 지식 등을 담으면 좋은 선물이 된다.

6. 부지런히 배우고 가르쳐라(Instruction)

참된 스승을 찾아라

❞ 올바른 스승이 필요하다

"대답하되 지도해 주는 사람이 없으니 어찌 깨달을 수 있느냐 하고 빌립을 청하여 수레에 올라 같이 앉으라 하니라"(행 8:31).

조부모들은 손주에게 교육의 중요성을 가르쳐야 한다. 교육을 통해 올바른 복음이 전파되기 때문이다. 교육은 가르치는 자와 배우는 자가 있어야 하고 가르치는 자는 하나님의 말씀을 전하는 자요, 배우는 자는 복음을 듣는 자이다. 하나님의 말씀을 가르치는 데 학벌이나 경험은 도움이 될 수 있으나 가르치는 자에게 가장 필요한 것은 하나님이 주시는 은혜이다. 하나님의 은혜가 없는 가르침은 자신의 지식을 전하는 것과 다르지 않다. 자라나는 아이들에게 가장 필요한 것은 예수 그리스도의 십자가에서 흘리신 피로 우리의 죄를 사하신 것과 천국에 대한 확신이다.

에디오피아의 간다게 여왕 시대에 예루살렘에 와서 예배를 드릴 정도로 믿음이 좋은 고위관리가 있었다. 예루살렘에서 예배를 마친 관리가 자기 나라로 돌아가는 마차에서 이사야의 글을 읽다가 내용을 제대로 이해하지 못해 고민하고 있을 때 사마리아에서 복음을 전하던 빌립에게 주의 사자가 예루살렘으로 가서 만나라고 명령했다. 고위관리를 만난 빌립이 '읽는 것을 깨닫느냐?'고 물었을 때 '가르쳐 주는 사람이 없어서 뜻을 알 수 없다'고 대답하면서 올바른 뜻을 가르쳐 달라고 요청했다(행 8:30-31). 하나님의 말씀을 전하는 것과 배우는 것에는 세상의 직위나 학력, 나이, 혹은 재력이 문제가 되지 않는다. 믿음에는 올바른 스승이 필요하다.

자녀들에게 하나님의 말씀을 가르치는 첫 번째 스승은 부모와 가족들이다. 요셉은 손자들을 자신의 슬하에서 양육했다. 모세의 어머니 요게벳, 디모데의 외할머니 로이스와 어머니 유니게, 오벳의 할머니 나오미, 레갑 가문의 어른들은 자녀를 믿음으로 잘 양육하였다.

구약시대에는 제사장, 선지자, 학사, 사사 등이 백성들에게 하나님의 말씀을 전하는 역할을 담당했다. 그중에서도 이드로는 모세에게, 모세는 여호수아에게, 엘리 제사장은 사무엘에게, 엘리야 선지자는 엘리사에게, 모르드개는 에스더에게, 좋은 스승이었다. 제사장 겸 학사였던 에스라는 이스라엘 백성들의 스승이었다. 예수님은 부활하고 승천하시기 전까지 제자들을 훈련시켜 복음이 온 세계로 전파되게 하셨다. 조부모가 닮아야 할 참 스승은 예수님이다. 예수님이 제자들을 가르치신 방법은 가장 모범적인 교육방법이다.

🔊 주의 교훈을 가르쳐라

"지혜 있는 자에게 교훈을 더하라 그가 더욱 지혜로워질 것이요 의로운 사람을 가르치라 그의 학식이 더하리라"(잠 9:9)

하나님의 말씀을 가르치는 것은 대단히 중요하다. 하나님의 말씀은 지혜롭게 하며 학식을 더해 주기 때문이다. 가르치는 자는 배우는 자를 노엽게 하지 말고 오로지 주의 교훈과 훈계로 양육해야 한다(엡 6:4).

나는 40여 년 전 공군항공과학고등학교(공군기술고등학교)에서 4년간 학생들을 가르쳤다. 부대 안에 있는 교회에 출석하며 신앙생활을 하면서 기독 학생들의 모임인 '밀알회'를 지도하게 되었다.

나는 어린 나이에 고향을 떠나서 공부하는 학생들에게 든든한 믿음의 씨앗을 심어주고 싶은 마음은 늘 있었으나 혼자서 그 일을 감당할 능력이 없어 고민하다가 군종실 근무자와 함께 성경공부에 대해 의논을 했다. 고등학생에게 체계적인 신앙교육을 하면 군대 생활을 하

162

는 동안뿐만 아니라 평생 올바른 신앙생활을 할 수 있을 것이라는 생각이었다. 수요예배 후에 학생들과 성경공부를 하기로 의견을 모았다. 학교와 교회는 훈련 비행장을 사이에 두고 약 1킬로 정도 떨어진 곳에 있어서 일과 후에 학생들이 교회를 오가는 문제는 내가 담당하기로 했다. 예배 후에 진행되는 성경공부는 시내에 있는 목원대학교 신학과에 다니는 학생에게 맡기기로 했으며 담임 목사님과 학교의 허락을 받아 성경공부를 시작했다. 힘든 군사 훈련과 학업을 병행하던 학생들에게 성경공부는 믿음의 기초를 세워주는 좋은 기회가 되었다. 수요 성경공부는 필자가 전역한 후에도 후배 장교가 이어받아 오랫동안 계속되었다. 현재 공군항공과학고등학교 졸업생 중 60여 명이 목회자가 되어 하나님 말씀을 전하고 있다.

하나님의 말씀을 가르쳐라
99 믿음의 본을 보여라

"너희는 내게 배우고 받고 듣고 본 바를 행하라 그리하면 평강의 하나님이 너희와 함께 계시리라"(빌 4:9)

손주를 양육하는 조부모는 손주에게 무엇을 전하고 훈련시키는지가 매우 중요하다. 손주에게 신앙교육을 하지 않고, 그들에게 신앙을 물려주지 않는 것은 조부모의 귀중한 특권과 임무를 포기하는 것과 마찬가지이다. 후손들에게 올바른 신앙을 전해주지 않으면 아이들은 사탄의 유혹에 넘어간다(마 13:25, 13:39). 조부모가 후손에게 어떤 것을 가르치느냐에 따라 그 결과는 가문의 장래에 커다란 영향을 미치게 된다.

조부모는 손주들에게 "너희는 내게 배우고 받고 듣고 본 바를 행하라. 그리하면 평강의 하나님이 너희와 함께 계시리라"(빌 4:9)라는 바울의 말을 자신있게 말할 수 있어야 한다. "너는 배우고 확신한 일에 거하라. 너는 네가 누구에게서 배운 것을 알며"(딤후 3:14)라고 손주들에게 떳떳하게 말할 수 있으려면 조부모 자신이 먼저 하나님 앞에 바로 서야 한다. 늘 기도하고, 예배에 힘쓰며, 사랑을 베푸는 조부모의 삶이 손주들에게 자연스럽게 전달되어야 하는 것이다.

〃 좋은 열매를 맺도록 가르치라

"그들의 열매로 그들을 알지니 가시나무에서 포도를, 또는 엉겅퀴에서 무화과를 따겠느냐"(마 7:16)

"이러므로 그들의 열매로 그들을 알리라"(마 7:20)

솔로몬이 노년에 보여준 삶은 조부모들에게 많은 교훈을 준다. 솔로몬은 젊을 때 하나님께 지혜를 선물로 받았으며 많은 사람의 존경과 칭송을 받는 왕이었다. 그러나 노년의 솔로몬은 하나님의 말씀을 거역하고 우상을 숭배하는 불순종하는 왕이 되었다. 결국 솔로몬의 영광은 풀잎에 맺힌 아침 이슬처럼 사라지고 후손에까지 이어지지 못했다.

손주들의 신앙을 위해 기도하고 애쓰는 조부모는 자신들이 세상을 떠난 뒤에도 자녀들이 믿음을 지키며 살아가도록 훈련을 잘 시켜야 한다. 이를 위해 조부모는 손주들에게 제자 훈련을 하는 조부모 역할을 잘해야 한다. 신앙훈련을 잘하는 조부모가 필요한 시대이다.

학교에서나 직장에서는 가정에서와 같은 신앙훈련을 할 수 없다. 학교나 직장에서는 자녀들에게 신앙교육이 아닌 그들에게 필요한 따른 교육을 하거나 훈련을 시킬 뿐이다. 따라서 조부모들이 사랑하는 자녀들에게 자기가 가진 신앙과 자기가 믿는 하나님을 전하고, 성경을 가르치며, 신앙훈련을 하는 것은 그들에게 주어진 최고의 특권이다. 조부모가 이 특권과 임무를 등한시하거나 포기했을 때 그 결과는 믿음의 세대 계승이 아니라 신앙의 단절을 가져오게 된다.

후손에게 신앙을 가르쳐라
❞ 복음을 가르쳐라

"⁹어떤 사람들은 마음이 굳어 순종하지 않고 무리 앞에서 이 도를 비방하거늘 바울이 그들을 떠나 제자들을 따로 세우고 두란노 서원에서 날마다 강론하니라 ¹⁰두 해 동안 이같이 하니 아시아에 사는 자는 유대

인이나 헬라인이나 다 주의 말씀을 듣더라"(행 19:9-10)

바울 사도는 에베소에서 복음을 전할 때. 그 지역에 있는 제자들에게 복음을 전하고 세례를 베풀며 안수하였다. 바울은 회당에서 석 달 동안 가르치다가 순종하지 않고 비방하는 사람이 생기자 두란노 서원에서 제자들을 가르쳤다. 2년 동안 부지런히 말씀을 가르친 결과 아시아에 사는 유대인이나 헬라인이 모두 하나님의 말씀을 들었다.

우리나라에 기독교 복음을 전해준 선교사들은 제일 먼저 예배당을 세웠고 이어서 학교와 병원을 세웠다. 이를 통해 복음을 전하고, 하나님의 사랑을 전하였다. 선교사들이 각 지역에 설립한 교회와 학교, 병원을 통해 하나님의 복음이 백성들에게 전해졌다. 그들에게 하나님의 말씀을 전하고, 병을 치료해 주며, 새로운 학문과 하나님의 말씀을 가르쳐서 이 땅에 하나님의 말씀이 온전히 세워지도록 노력했다. 그 결과 우리나라에는 선교사들이 입국 초기에 설립한 교회와 학교, 병원이 오늘날까지 운영되고 있다.

또한 선교사들은 각 교회에 부설로 학교를 설립하도록 격려했다. 어떤 지역에서는 교회 부설학교를 설립하는데 필요한 자금을 지원해 주기도 했다. 경상북도에는 60여 개의 교회 부설학교가 설립되어 학생들을 가르쳤으며 이들 학교를 통해 많은 청소년이 하나님의 말씀을 체계적으로 배워 기독교 복음에 기초한 신학문을 익힘으로써 교회와 나라의 중요한 인물로 성장했다.

경상북도 영주시에 있는 내매교회는 1910년에 교회 부설로 내명학교를 설립하여 교인들의 자녀뿐만 아니라 지역주민들의 자녀들에게도 복음과 신학문을 가르쳤다. 이 학교는 1915년에 첫 졸업생 5명을 배출한 이후 1945년에 해방이 될 때까지 사립학교로 운영되다 공립학교로 전환될 때까지 326명의 졸업생을 배출했다. 내매교회 초등학교 졸업생 중에는 계명대학 설립 추진위원장을 맡았던 강인구 목사, 대한예수교장로회 총회장 강신명 목사, 삼성반도체 강진구 회장, 마산 창신대학 설립자 강병도 장로, 영주 영광교육재단 이사장 강석일 장로 등이 있다. 50여 가구가 살던 시골의 작은 마을에 세워진 내명학교는 교계와 학계, 재계의 지도자를 다수 배출함으로써 하나님께 영광을 돌릴 수 있었다.

,, 하나님의 은혜를 기억하게 하라

"²¹이스라엘 자손들에게 말하여 이르되 후일에 너희의 자손들이 그들의 아버지에게 묻기를 이 돌들이 무슨 뜻이니이까 하거든 ²²너희는 너희의 자손들에게 알게 하여 이르기를 이스라엘이 마른 땅을 밟고 이 요단을 건넜음이라"(수 4:21-22).

성경에는 하나님께서 이스라엘 백성에게 복을 주시고, 기적을 행하신 일들이 많이 기록되어 있다. 하나님께서는 이 일들을 통해 우리가

167

그의 은혜를 기억하며 항상 경외하기를 원하신다.

여호수아는 하나님의 명령에 따라 이스라엘 백성을 이끌고 요단강을 마른 땅처럼 건넜다. 넘실대며 흐르는 강물을 하나님께서 멈추자 요단강을 하나님의 언약궤를 멘 제사장을 따라 마른 땅처럼 건넜다. 열두 지파의 지도자들은 여호수아의 명령대로 요단강의 돌을 하나씩 들고나와서 강가에 쌓았다.

여호수아가 그 돌을 한곳에 모으라고 한 것은 제사를 드리려는 목적보다 후손들에게 교훈을 남기기 위해서였다. 세월이 지난 후 이 일을 알지 못하는 후손들이 이 돌무더기를 보고 무슨 뜻이 있느냐고 물을 때 그들에게 오늘 일어난 일을 잘 가르쳐 주라고 하셨다. 후손들이 이 돌무더기를 볼 때마다 조상들이 섬기던 하나님을 기억하고 그를 경외하게 하시려는 목적이었다. 이스라엘 백성에게 이 돌무더기는 매우 중요한 교육적인 의미를 가지고 있다.

7. 쉬지 말고 기도하라(Prayer)

쉬지 말고 기도하라

99 항상 기도하라

"[16] 항상 기뻐하라 [17] 쉬지 말고 기도하라 [18] 범사에 감사하라 이것이 그리스도 예수 안에서 너희를 향하신 하나님의 뜻이니라"(살전 5:16-18)

조부모가 아이들에게 가르쳐야 할 것 중에 기도가 반드시 포함되어야 한다. 기도란 내 삶의 주인이 하나님이시라는 고백이며 자신의 나약함과 무능력을 하나님께 솔직하게 인정하는 것이기 때문이다. 하나님은 우리에게 쉬지 말고 기도하라고 하셨다.

기도는 그리스도인의 생명줄이며 하나님과 교통하는 방법이다. 기도는 우리가 생명을 유지하는 호흡과 같이 중요하기 때문에 쉬지 않고 기도해야 한다. 기도는 모든 일의 시작이다. 기도는 우리가 어려움을 당할 때 시도하는 마지막 수단이 아니라 시작이고 마무리는 감사함으로 하는 것이다.

사도 바울은 우리에게 "항상 기뻐하라. 쉬지 말고 기도하라. 범사에 감사하라"(살전 5:16-18)고 가르친다. 어떤 형편과 처지에 있든지 기도를 멈추지 말라는 권면이다. 기도는 슬픔과 원망의 표출이 아니라 기쁨과 감사의 표현이어야 한다(롬 12:12, 골 4:2). 야고보 사도는 고난당할 때는 기도하고 즐거울 때는 찬송하라(약 5:13)고 가르치고 있다.

"[23] 나는 너희를 위하여 기도하기를 쉬는 죄를 여호와 앞에 결단코 범하지 아니하고 선하고 의로운 길을 너희에게 가르칠 것인즉 [24] 너희는 여호와께서 너희를 위하여 행하신 큰일을 생각하여 오직 그를 경외하며 너희의 마음을 다하여 진실히 섬기라"(삼상 12:23-24)

대제사장 사무엘은 백성들을 위해 항상 기도했다. 그는 백성을 위해 기도하지 않는 것은 여호와 앞에서 죄를 짓는 것과 같다고 고백했다. 그는 백성들에게 하나님의 선하시고 의로움을 가르쳐 주겠다고 약속했다(삼상 12:23). 사무엘이 기도의 중요성을 강조한 것은 자신의 출생과도 관련이 있다.

그의 어머니 한나는 임신을 하지 못하다가 하나님께 서원 기도를 한 후 사무엘을 낳았다. 한나는 사무엘이 젖을 떼자 어린 사무엘을 데리고 성전으로 가서 엘리 제사장에게 신앙교육을 받도록 했다. 사무엘은 어릴 때부터 성전에서 하나님께 기도하며 살았기 때문에 이 사무엘의 고백은 지도자는 기도가 필요하다는 것을 간접적으로 가르쳐주고 있다.

하나님은 우리의 기도에 귀를 기울이신다(시 116:2). 우리의 기도에 귀를 기울이시는 하나님께 매일 기도하는 것은 하나님의 한없는 축복이다.

예수님은 제자들에게 기도의 중요성을 강조하셨을 뿐 아니라 기도의 모범을 보이셨다. 늘 깨어 기도하지 않으면 시험에 들기 쉬우며(막 14:38), 유혹에 빠지기 때문이다(눅 22:40, 46). 예수님은 우리에게 기도하는 장소와 시간에 대해서 직접 모범을 보여주셨다. 예수님은 혼자 산에서 기도하셨고(마 4:23), 새벽(시 5:3, 막 1:35), 한적한 곳(눅 5:16)에서도 기도하셨다. 예수님은 산에 가서 밤이 새도록 기도하심으로써(눅 6:12) 기도의 본을 보여주신 것이다.

❞ 목숨을 걸고 기도하라

"아사가 그의 하나님 여호와께 부르짖어 이르되 여호와여 힘이 강한 자와 약한 자 사이에는 주밖에 도와 줄 이가 없사오니 우리 하나님 여호와여 우리를 도우소서 우리가 주를 의지하오며 주의 이름을 의탁하옵고 이 많은 무리를 치러 왔나이다 여호와여 주는 우리 하나님이시오

니 원하건대 사람이 주를 이기지 못하게 하옵소서"(대하 14:11)

아비야의 아들 아사가 왕위에 오른 후 그는 하나님이 보시기에 선과 정의를 행하였다. 유다 백성들이 섬기던 우상을 제거하고 조상들이 섬기던 하나님의 율법과 명령을 따르게 했다(대하 14:2-4). 아사왕은 성읍을 건축하고, 유다 지파 중에서 큰 방패와 창을 잡는 자 30만 명, 베냐민 지파 중에서 작은 방패와 활을 쏘는 군사 28만 명의 군사를 일으켜 국방을 든든히 했다.

후에 구스 사람 세라가 군사 100만 명과 병거 300을 거느리고 유다를 정복하고자 하였고. 수적으로 크게 열세였던 아사 왕은 도망치거나 항복하지 않는 대신 그는 하나님께 기도했다. 믿음으로 유다를 다스렸던 그는 온전히 하나님을 의지했으며 전쟁을 시작하기 전에 하나님의 도움을 간구했다. 자신의 힘으로는 물리칠 수 없는 강한 군대임을 고백하고 하나님께서 유다를 지켜 달라고 기도했다. 아사 왕이 구스 군대에 당당하게 맞설 수 있었던 것은 하나님께서 이 전쟁을 승리로 이끌어 주실 것을 확실하게 믿었기 때문이다.

구하는 자에게 주신다
99 구하고, 찾고, 두드리라

"구하라 그리하면 너희에게 주실 것이요 찾으라 그리하면 찾아낼 것

이요 문을 두드리라 그리하면 너희에게 열릴 것이니"(마 7:7)

하나님께서는 우리의 모든 기도에 응답하신다. 구하고, 찾고, 두드리면 하나님께서 우리가 원하는 것을 주실 것이다. 따라서 우리의 할 일은 하나님 앞에 나아와 간구하는 것이다. 구하지 아니하고, 찾아보지 아니하며 문을 두드리는 수고조차도 하지 않으면 원하는 것을 얻지 못할 것이다. 아무런 노력 없이 좋은 결과를 바라는 것은 게으른 사람들의 헛된 소망이다.

기도할 때에는 무엇이든지 믿고 구해야 한다. 기도하면서 의심하거나 의심하면서 기도하는 것은 하나님의 능력을 제한하는 것이다. 하나님께서는 의인의 기도를 들어주신다(잠 15:29). 그러나 때로는 기도의 순수성을 잃는 경우도 있다. 찰스 피니는 "하나님은 사람들이 올바로 기도할 때 듣고 응답하시지만 단지 의무감이나 정의를 주장하기 위해 기도한다면 당연히 응답하지 않으실 것이다. 그것은 기본적으로 기도의 개념을 잘못 알고 있는 것이다."라고 올바른 기도의 조건과 태도에 대해 강조하고 있다.

,, 무응답도 응답이다

"그들이 부르기 전에 내가 응답하겠고 그들이 말을 마치기 전에 내가 들을 것이며"(사 65:24).

하나님은 우리가 기도하기 전에 우리의 문제가 무엇인지 알고 계시며, 그에 대한 응답을 해 주신다(단 10:12). 나아가 우리가 하나님의 이름을 부르기 전에 응답할 것이며 기도를 끝내기 전에 들어주시겠다(사 65:24)고도 약속하셨다. 그래서 사람들은 우리가 하나님께 기도할 때 모든 것을 즉시 들어주시기를 바란다. 그러나 우리의 기대와는 달리 어떤 기도는 전혀 응답하지 않으시는 것처럼 보일 때도 많이 있다. 그러다 보니 우리는 하나님께서 우리의 기도에 응답해 주시지 않을 때가 많다고 생각하는 경우가 적지 않다. 왜 그럴까? 이것은 기도 응답에 대한 우리의 생각이 잘못되었기 때문이다.

우리는 자신이 원하는 결과를 얻으면 하나님이 응답하신 것이고 그렇지 않으면 응답을 받지 못했다는 생각을 하게 된다. 그러나 우리가 원하는 결과를 얻는 것뿐만 아니라 그렇지 않은 것도 하나님의 응답이다. 우리의 기도에 대한 하나님의 응답은 단순하게 "예" 혹은 "아니요"로만 나타나지 않는다. 하나님이 우리의 기도를 듣지 않으시는 것처럼 느끼는 무응답도 하나님의 응답이라는 사실을 기억하는 것은 매우 중요하다.

무응답은 지금이 아니라 나중에, 내가 원하는 것이 아니라 다른 것으로, 내가 아니라 다른 사람에게 주시겠다는 하나님의 명확한 응답 중 하나이기 때문이다. 이는 어린 자녀가 부모에게 무엇을 달라고 할 때 보이는 부모의 반응과 같다. 아이가 울거나 떼를 쓴다고 무조건 다 허락하지는 않듯이 하나님도 우리의 기도에 모든 것을 원하는 대로 허락하지 않으신다. 우리의 믿음이 좀 더 성숙해질 때까지 기다리거나 다른 것을 허락하실 때도 있다. 따라서 우리는 기도에 대한 하나님의 응답에 늘 감사하는 마음을 가져야 한다. 우리가 할 수 있는 일은 하나님의 영광을 위해 기도하는 것이다.

기도는 능력이다

〞함께 기도하라

"진실로 다시 너희에게 이르노니 너희 중의 두 사람이 땅에서 합심하여 무엇이든지 구하면 하늘에 계신 내 아버지께서 그들을 위하여 이루게 하시리라"(마 18:19)

"이에 베드로는 옥에 갇혔고 교회는 그를 위하여 간절히 하나님께 기도하더라"(행 12:5)

예수님께서는 합심하여 기도하면 응답을 받을 것이라고 말씀하셨다(마 18:19). 혼자서 하나님께 기도할 때도 있지만 어려운 일을 당한 이웃을 위해 함께 기도하면 하나님께서 그들의 기도에 응답해 주실 것이라는 약속의 말씀이다.

헤롯 왕은 요한의 형제인 야고보를 칼로 죽인 후에 베드로를 잡아 감옥에 가두었다. 이에 온 교인들은 요한의 어머니 마리아의 집에 모여 함께 기도했다. 이때 쇠사슬에 매여 감옥에서 잠들었던 베드로의 손에서 쇠사슬이 벗어지고 옥문이 저절로 열려 베드로는 천사의 인도하심을 따라 감옥에서 나오게 되었다(행 12:5-12).

이처럼 하나님은 우리가 골방에서 기도할 때뿐만 아니라 동역자들이 힘을 합쳐 기도할 때도 응답해 주신다. 혼자서 두려워하며 떨지 말고 힘을 모아 하나님께 기도하며, 어려움을 당한 이웃을 위해 기도할 때 하나님은 기뻐하시며 응답해 주신다.

기도하면서 개척하라

신앙의 위대한 인물이나 신앙 명문 가문의 신앙생활은 기도에서 시작되고 기도에서 끝을 맺는다. 우리나라에서 5대, 6대를 이어 신앙의 유산을 잘 지키는 믿음의 명문 가문의 특징 중 하나는 기도를 쉬지 않는다는 것이다. 기도는 그들의 습관인 동시에 생활이다. 그들은 매일 일정한 시간에 기도할 뿐만 아니라 시간이 날 때마다 기도한다. 그들은 기도하면서 하나님의 음성을 듣고, 죄를 깨닫는다. 죄를 깨닫기만 한 것이 아니라 철저하게 회개해서 하나님 앞에 올바른 신앙생활을 하고 있다. 기도가 호흡이라는 말이 그들에게는 삶으로 나타나고 있다.

가나안농군학교를 설립한 김용기 장로는 다섯 번 개척 사업을 했다. 그는 힘든 농사일을 하는 동안에도 하루 4시간씩 기도했다. 또 개척에 직접 나서지 못한 그의 어머니는 하루 10시간씩 기도했다. 김용기 장로는 죽기 전에 둘째 아들 김범일 장로에게 '구국기도실' 열쇠를 물려주었다. 말없이 건네준 그 열쇠는 세상의 어려움을 해결해 주며, 천국문을 열 수 있는 열쇠였다.

전라북도 군산시에 있는 시은소교회 이영 사모는 남편과 함께 교회를 개척하고 사역을 마무리할 때까지 6년간 매일 낮12시부터 1시간 동안 혼자서 예배당에서 기도를 했다. 그의 기도 습관은 김제 연정교회를 섬겼던 아버지 이은석 장로에게서 물려받은 것이다.

우리는 남의 도움을 구하기 전에 먼저 하나님 앞에 나아와 무릎을 꿇고 하나님의 도움을 구하는 기도를 드려야 한다. 우리가 기도할 때 강한 자와 약한 자 사이에는 하나님께서 지켜주실 것이기 때문이다 (대하 14:11). 기도하는 사모, 기도하는 어머니를 둔 교회와 가정은 하나님이 주시는 복을 누리는 교회요 가정이 된다.

4부

성공적인 손주
신앙교육을 위한
핵심 4가지

❞ 3대가 행복해야 한다

"한 사람이면 패하겠거니와 두 사람이면 맞설 수 있나니 세 겹줄은 쉽게 끊어지지 아니하느니라"(전 4:12)

성공적인 신앙의 대물림을 위해서는 먼저 그 내용이 올바른 것이어야 한다. 그리고 전하는 자가 가슴 깊이 새기는 하나님의 말씀을 전해야 한다. 그다음은 전하는 자가 기쁨으로 잘 감당해야 하며 하나님의 말씀을 전하는 자와 듣고, 배우는 자가 귀와 가슴을 열어야 한다. 그래야 하나님의 말씀이 올바로 전해질 수 있다.

하나님은 인생 3막을 살아가는 노인들이 불평하거나 허송세월하는 것을 기뻐하지 않으신다. 하나님께서 주신 건강과 지혜를 하나님 나라 확장에 사용하기를 원하신다. 노인을 통해 하나님의 뜻을 이루기도 하신다.

하나님의 말씀이 자손 대대로 잘 전해지기 위해서는 가족 구성원 전체, 즉 3대 혹은 4대가 모두 하나님의 말씀에 겸손해야 하며 믿음의 전승에 노력해야 한다. 믿음을 전해주는 조부모가 행복해야 하고, 믿음을 이어가는 손주가 행복해야 하며, 두 세대의 중간 세대인 젊은 부모가 행복해야 한다. 3대가 행복할 때 하나님의 귀한 말씀이 가문에 충만하게 넘치게 될 것이다.

180

1. 조부모가 행복해야 한다

손주 신앙교육은 노년의 행복이다

조부모의 손주 신앙교육이 성공하기 위해서는 먼저 조부모가 행복해야 한다. 가르치는 조부모가 행복해야 배우는 손주가 행복하게 되며 이를 곁에서 지켜보는 젊은 부모도 행복해진다. 조부모가 마지못해 손주에게 신앙교육을 한다면 조부모뿐만 아니라 손주에게도 불행한 일이다. 사랑과 관심이 없는 조부모의 훈계와 가르침은 생명력을 잃게 될 것이다.

세상 사람들은 후손에게 좋은 것을 물려주기를 원한다. 자신이 평생 모은 재산은 물론이고 자신의 경험과 지식을 전해주려고 노력을 한다. 손주가 치열한 경쟁 사회에서 성공하기를 바라는 조부모는 할 수만 있다면 많은 것을 물려주기를 원한다. 예수를 믿는 조부모도 세상 사람들과 별로 다르지 않다. 입으로는 신앙을 물려주는 것이 가장 중요하다고 말을 하면서도 실제로는 말과 다른 행동을 하는 경우가 많으며 심지어 후손에게 좋은 것을 물려주기 위해 불법과 편법을 서슴없이 저지르기도 한다. 하지만 예수를 믿는 조부모는 손주에게 신앙을 물려주기를 힘써야 하며 손주 신앙교육이 조부모에게는 행복이 되어야 한다.

오벳에게는 3명의 할머니가 있다

"[15]이는 네 생명의 회복자이며 네 노년의 봉양자라 곧 너를 사랑하며 일곱 아들보다 귀한 네 며느리가 낳은 자로다 하니라 [16]나오미가 아기를 받아 품에 품고 그의 양육자가 되니"(룻 4:15-16)

다윗 왕의 할아버지인 오벳에게는 세 명의 할머니가 있다. 오벳의 친할머니는 기생 라합이고, 외할머니는 이름이 알려지지 않은 모압 여인이다. 오벳을 직접 키운 할머니는 피 한 방울 섞이지 않은 나오미였다. 룻기에는 오벳을 낳은 룻과 그를 품에 안고 키운 나오미의 이야기가 기록되어 있다.

나오미는 보아스와 룻 사이에서 오벳이 태어나자 하나님을 찬양하며 아이를 품에 안고 키웠다(룻 4:16). 룻이 낳은 오벳을 자신의 친아들, 친손자처럼 생각하며 정성껏 키운 것이다. 나오미가 오벳을 얼마나 사랑하고 잘 키웠는가는 이웃 여인들의 말로 미루어 짐작할 수 있

182

다. 그들은 아이가 이스라엘 중에서 유명하게 되기를 원했다. 그들은 오벳을 나오미의 생명의 회복자이며 노년의 봉양자라고 했다(룻 4:15).

나오미가 양육한 오벳은 믿음으로 자라서 예수님의 족보에 이름을 올린다. 나오미에게 손자 오벳은 귀한 면류관이었다. 나오미는 그 면류관의 가치를 알고 정성을 다해 금 면류관으로 만들었던 것이다. 조부모는 손주 사랑을 통해 행복을 느끼며 하나님의 뜻이 이루어지는 축복을 경험하게 된다.

손자를 축복한 야곱의 행복

"[5] 내가 애굽으로 와서 네게 이르기 전에 애굽에서 네가 낳은 두 아들 에브라임과 므낫세는 내 것이라 르우벤과 시므온처럼 내 것이 될 것이요 [6] 이들 후의 네 소생은 네 것이 될 것이며 그들의 유산은 그들의 형의 이름으로 함께 받으리라"(창 48:5-6)

야곱이 병들어 침상에 누워있을 때 요셉이 두 아들 므낫세와 에브라임을 데리고 방문했다. 야곱은 자신을 찾아온 손자들에게 큰 선물을 주었다. 요셉이 애굽에서 낳은 두 손자를 자신의 아들로 삼고 그들에게 유산을 주겠다는 선물이었다(창 48:5-6). 매우 파격적인 선언인 동시에 축복이다. 야곱의 축복은 애굽 여인에게서 태어난 두 손자를 이스라엘의 후손으로 인정하고 선포한 것이다. 자신의 열두 명의 아들을 축복하기 전, 그들에게 유산을 나누어 주기 전에 요셉의 두 아들에게 먼저 축복하고, 유산을 남긴 것은 매우 이례적인 일이다. 야곱이 손자를 진심으로 사랑했기 때문에 가능한 일이다.

"[15] 그가 요셉을 위하여 축복하여 이르되 내 조부 아브라함과 아버지 이삭이 섬기던 하나님, 나의 출생으로부터 지금까지 나를 기르신 하나님, [16] 나를 모든 환난에서 건지신 여호와의 사자께서 이 아이들에게 복을 주시오며 이들로 내 이름과 내 조상 아브라함과 이삭의 이름으로 칭하게 하시오며 이들이 세상에서 번식되게 하시기를 원하나이다"(창 48:15-16)

야곱은 계속해서 두 손자를 축복했다. 야곱의 축복은 구체적이고 대단히 감동적이다(창 48:15-16). 야곱은 에브라임과 므낫세에게 자신이 섬기는 하나님을 전하고자 하는 중요한 메시지를 담은 축복을 했다. 첫째는 야곱 자신의 신앙고백이다. 야곱은 자기가 섬기는 하나님은 할아버지인 아브라함과 아버지 이삭이 섬기던 하나님이라고 고백하고, 그 하나님이 자기가 태어나서부터 지금까지 자신을 기르시고 모든 환난에서 건지신 분이라고 고백하고 있다. 둘째는 손자들을 축복하는 것이다. 하나님께서 손자들이 자기 가문의 일원이 되게 하시고, 그들의 후손들에게 영원토록 복을 주시기를 원하는 메시지가 들어있다.

이방 여인에게서 얻은 두 손자를 축복하는 야곱은 정말 행복했다. 마지못해 축복해 준 것이 아니라 진심으로 그들을 사랑하고 그들의 장래가 하나님의 축복 가운데 인도하심을 받기를 원한 것이다. 그들이 생육하고 번성하여 가문의 믿음을 지키며 조상의 명예를 이어가기를 희망했다.

요셉의 행복한 손주 양육
99 총리의 무릎에서 자라는 아이들

"²²요셉이 그의 아버지의 가족과 함께 애굽에 거주하여 백십 세를 살며 ²³에브라임의 자손 삼대를 보았으며 므낫세의 아들 마길의 아들들도 요셉의 슬하에서 양육되었더라"(창 50:22-23)

애굽에 종으로 팔려왔던 요셉이 애굽의 총리가 된 것은 30세였다. 그는 애굽 총리로서 7년의 풍년과 이어진 7년 흉년을 슬기롭게 관리하여 애굽 사람들의 존경을 받았다. 요셉은 56년간(미드라쉬 참조) 애굽의 총리로 지냈다. 그는 110세에 세상을 떠나기 전까지 에브라임과 므낫세 자손들과 함께 살면서 그들을 양육하였다(창 50:22-23). 요셉은 조부모가 손주를 양육한 첫 번째 인물로 성경에 기록되고 있다.

요셉은 총리직에서 물러난 뒤 24년간 손주들과 함께 살면서 그들에게 가문에서 내려오는 신앙을 전해주었다. 첫째, 아버지 야곱이 가르쳐준 하나님의 약속의 말씀과 조상들로부터 전해오는 믿음을 후손들에게 가르치고. 둘째 자신의 인생과 신앙을 전해주었다. 어린 시절 애굽에 노예로 팔려와서 겪었던 모진 고난과 한낱 목동에 불과했던 자신이 하나님의 은혜로 애굽의 총리가 되어 살아온 그의 삶에 대한 이야기를 해주었다.

요셉의 신앙교육은 애굽에서 4백 년 동안 살게 되는 후손들이 믿음을 잘 지킬 수 있는 밑거름이 된다. 총리직에서 은퇴한 후의 요셉의 삶은 인생 3막을 살고 있는 노인들에게 성경적 손주 양육의 중요성을 보여준다.

〃 하나님의 약속을 유언으로 남긴 요셉

"²⁴요셉이 그의 형제들에게 이르되 나는 죽을 것이나 하나님이 당신들을 돌보시고 당신들을 이 땅에서 인도하여 내사 아브라함과 이삭과 야곱에게 맹세하신 땅에 이르게 하시리라 하고 ²⁵요셉이 또 이스라엘 자손에게 맹세시켜 이르기를 하나님이 반드시 당신들을 돌보시리니 당신들은 여기서 내 해골을 메고 올라가겠다 하라 하였더라"(창 50:24-25)

요셉이 형제들과 후손들을 모아놓고 자기가 죽을 것이라고 말하자 그들은 충격에 빠졌다. 그들은 자신들의 든든한 보호자요 재정적인 후원자인 요셉이 죽는다는 것을 믿을 수가 없었다. 하지만 요셉은 불투명한 미래를 두려워하는 가족들에게 희망의 메시지를 전했다. 그는 유언을 통해 자기가 믿는 하나님의 약속의 말씀을 형제와 후손들에게 전했다.

첫째, 하나님이 후손들과 함께할 것이라고 했다. 요셉의 사후에 남은 자들의 보호자 역시 인간이 아닌 하나님이시라는 메시지다.

둘째, 하나님의 보호하심을 받아 고향으로 돌아가게 될 것이라고 했다. 그것은 하나님이 그들의 조상인 아브라함과 이삭과 야곱을 통해 여러 번 약속하신 것이었다. 이스라엘 백성들은 때가 되면 그 약속의 땅으로 안전하게 돌아간다는 희망적인 약속이었다. 요셉 자신의 희망 사항이 아니라 조상들로부터 전해오는 하나님의 약속이었다.

셋째, 하나님께서 이스라엘 백성들을 애굽에서 약속의 땅으로 인도해 주실 때에 자신의 유골을 애굽 땅에 남겨두지 말고 가지고 가달라는 유언이다. 부탁이 아니라 명령이었다. 이 말은 야곱의 후손들이 반드시 하나님의 은혜로 애굽을 떠나 고향으로 돌아가게 될 것을 강조하는 표현이다. 요셉은 자신의 믿음이 확실하다는 증거로써 이스라엘이 애굽을 떠나 약속의 땅으로 들어갈 때 자신의 뼈를 메고 돌아가라고 맹세를 시킨 것이다.

손주에게 믿음을 전해주는 조부모가 행복하면 믿음을 이어가는 손주들도 행복해진다. 야곱은 요셉의 두 아들에게 기쁘게 축복했고, 요

187

셉은 므낫세와 에브라임의 손주들을 무릎에 앉혀 놓고 가르쳤다. 나오미는 룻이 낳은 다윗의 할아버지 오벳을 키우면서 행복했다. 가르치는 자가 행복했고, 그 말씀을 배우고 행하는 자가 행복했기에 가능한 일이었다. 신앙의 대물림이 성공하기 위해서는 가르치고 전해주는 조부모가 행복해야 좋은 효과를 얻을 수 있다. 손주를 사랑하는 마음과 즐거운 생각을 가져야 배우는 후손들이 행복하게 된다. 손주를 신앙으로 양육하는 조부모가 행복한 것이 하나님이 기뻐하시는 교육 조건 중 하나이다.

2. 젊은 부모가 행복해야 한다

젊은 부모와의 갈등은 신앙의 단절을 가져온다

,, 가족의 갈등을 피하라

조부모의 손주 신앙교육이 성공하기 위한 둘째 조건은 아이의 부모가 행복해야 한다는 것이다. 맞벌이 가정이나 한부모 가정처럼 젊은 부모를 대신해서 손주를 키우는 가정에서는 필수조건이다. 젊은 부모가 조부모의 육아법과 신앙교육을 신뢰하고 지지해주는 것이 중요하며 그렇지 않으면 조부모와 젊은 부모 사이에 갈등이 발생하고, 신앙교육 효과는 반감된다. 조부모의 노력에 대한 젊은 부모의 지지와 지원이 성공적인 자녀 신앙교육의 밑거름이 된다.

특히 아이들의 신앙에 어머니가 제일 큰 영향을 미친다는 사실을 고려하면 손주 신앙교육에 대한 젊은 부모의 행복은 절대적이다. 조부모와 젊은 부모의 갈등이 심한 경우, 조부모와 손주가 함께 보낼 기회가 줄어들게 된다. 이는 아이들이 어머니의 영향을 크게 받기 때문이며, 이런 일이 반복되면 가문의 후손에게 제대로 전해질 수 없다.

🖋️ 리브가와 에서 부인과의 갈등

"그들이 이삭과 리브가의 마음에 근심이 되었더라"(창 26:35)

젊은 부모는 조부모와 손주의 중간에서 그들의 만남이나 교류의 가교 역할을 한다. 조부모에 대한 젊은 부모의 태도는 손주와 조부모의 관계에 큰 영향을 준다. 조부모와 손주가 좋은 관계를 유지하고 가문의 신앙유산과 전통을 잘 물려주는 데는 젊은 부모의 역할이 중요하다. 젊은 부모의 행복이 성경적 손주 양육 성공에 중요한 조건이 된다. 가교 세대라고도 불리는 젊은 부모들은 조부모들의 신앙이 다음 세대로 이어지는 데 매우 중요하며 이들의 신앙이 바로 서 있을 때 가문의 믿음은 다음 세대에 잘 전해질 것이다.

야곱의 맏아들 에서는 40세에 이방 여인과 결혼했다. 하나님을 알지 못하는 헷 족속 여인인 유딧과 바스맛을 아내로 맞이한 것이다. 부모와 한 마디 상의도 없이 자기 마음에 드는 이방 여인과 결혼한 것이다. 하나님이 아닌 우상을 숭배하는 여인으로 인해 이삭과 리브가는 근심했다(창 26:35). 에서가 이방 여인과 결혼한 것은 장자의 축복을 받지 못하는 서곡이었다.

에서는 자기 아내가 부모에게 사랑을 받지 못하고 오히려 불편하게 만든 사실을 알게 되자 자신의 행동을 반성하는 대신 이스마엘의 딸을 아내로 삼았다. 에서의 이런 행동은 부모의 마음을 더 아프게 한다(창 28:8-9). 결국 에서는 아브라함의 장손자임에도 불구하고 가문의 신앙을 제대로 이어받지 못했으며 에서와 아내 역시, 자녀들에게 하나님을 섬기는 믿음을 전해줄 수 없었다. 세대 간의 갈등이 후손들의 신앙 전승에 걸림돌이 되어 자기가 믿지 않는 하나님을 자녀에게 전해줄 수 없었기 때문이다.

우리는 이삭의 결혼을 통해 신앙의 성공적인 대물림을 위해서는 배우자 선택이 중요함을 알 수 있다. 믿음의 배우자를 만나 믿음의 가정을 이룰 때 가문의 신앙 전통은 대를 이어 잘 전해지고, 조부모와 젊은 부모가 믿음으로 하나가 될 때 손주들은 어릴 때부터 믿음으로 성장한다.

에서가 이런 길을 걷게 된 것은 아버지 이삭과 어머니 리브가의 책임도 있다. 아브라함의 아들인 이삭은 하나님을 맏아들 에서에게 제대로 전해주지 못했다. 또 이삭은 에서를, 리브가는 야곱을 더 좋아한 것 때문에 가족 간에 갈등이 존재했고, 에서와 야곱의 장자권 쟁탈전은 가족 불화로 이어진다.

나오미의 며느리 사랑

,, 며느리를 사랑하라

"⁸나오미가 두 며느리에게 이르되 너희는 각기 너희 어머니의 집으로 돌아가라 너희가 죽은 자들과 나를 선대한 것 같이 여호와께서 너희를 선대하시기를 원하며 ⁹여호와께서 너희에게 허락하사 각기 남편의 집에서 위로를 받게 하시기를 원하노라 하고 그들에게 입 맞추매 그들이 소리를 높여 울며"(룻 1:8-9)

성경에 등장하는 인물 중에 나오미와 그의 둘째 며느리 룻은 가장 이상적인 시어머니-며느리 관계를 보여주고 있다(룻 1:8-18). 남편과 두 아들을 잃은 나오미가 고향 베들레헴으로 돌아오는 길에 둘째 며느리가 따라나섰다.

나오미의 만류에도 불구하고 시어머니를 따라나선 룻의 선택은 쉽게 공감할 수 없는 행동이다. 나오미에게는 고향인 베들레헴으로 돌아가는 것이 넓은 길이었지만, 모압 여인인 룻에게는 좁고 험난한 길이었다. 언어와 풍습이 다른 타국에서 일생을 보내는 것이 결코 쉬운 일이 아니며 무엇보다 그들의 앞날에는 아무런 보장도 없었기 때문이다. 모압에서와 마찬가지로 베들레헴에서도 생계를 유지할 수단이 없었다. 한 치 앞도 내다볼 수 없는 상황에서 두 여인의 발걸음은 어느 때보다 무거웠다. 나오미에게는 자신을 사랑하는 둘째 며느리가 동행하고 있다는 것이 작은 위안이 되었을 뿐이다.

두 여인이 모압에서 베들레헴으로 돌아오는 과정에서 나눈 대화에서 고부간의 갈등을 찾아볼 수 없다. 오히려 부러울 정도로 사랑이 넘치고 있다. 나오미의 며느리 룻에 대한 사랑은 각별하다. 남편을 잃은 룻이 시어머니를 따라 타국인 유다로 함께 가겠다고 할 때 시어머니는 그러지 말라고 만류했다. 베들레헴에 가서 어떻게 살지 막막했기 때문이다. 나오미는 모압에서 살 때 며느리가 보여준 사랑만으로도 감사하다고 말했다. 시어머니와 함께 하겠다고 따라나서는 룻과 이를 말리는 나오미의 대화에서 두 사람의 인격과 신앙이 드러난다.

🙶 나오미의 신앙고백

"너희가 어찌 그들이 자라기를 기다리겠으며 남편 없이 지내겠다고 결심하겠느냐 내 딸들아 그렇지 아니하니라 여호와의 손이 나를 치셨으므로 나는 너희로 말미암아 더욱 마음이 아프도다 하매"(룻 1:13)

자신을 따라나서는 두 며느리에게 들려준 나오미의 신앙고백은 진심이었다. 나오미는 자기에게 이제는 아들이 없으며 설령 자기가 아들을 얻는다 해도 그들이 자랄 때까지 며느리를 기다리게 할 수 없다고 했다(룻 1:13). 나오미의 이 말은 유다가 그의 장자 엘에 이어 둘째 아들 오난이 죽은 후 며느리 다말에게 한 말과 커다란 차이가 있다(창 38:11). 유다는 셋째 아들 셀라가 장성할 때까지 기다리면 결혼을 시켜 줄 것이라고 거짓말을 한 것이다.

나오미는 여호와의 손이 자신을 치신 결과 지금과 같은 어려움이 있다고 고백했다. 자기와 두 며느리에게 닥친 불행이 며느리들의 탓이 아니라 자기가 하나님 앞에 잘못한 것에 대한 징계라고 여긴 나오미의 신앙고백이다. 그는 불행에 닥쳤을 때 남의 탓을 하지 않고 자기의 잘못으로 고백하는 믿음의 여인이었다.

예수를 믿는 사람 중에도 결혼한 자녀가 잘못되면 배우자를 잘못 만나서 그렇다고 말하는 부모들이 오늘날에도 찾아볼 수 있다. 중요한 일이나 어려운 일을 당하면 유명하다고 소문난 점쟁이를 찾아가는 예수 잘 믿는 권사와 집사의 발길이 이어진다는 이야기도 들린다. 어느 교회에서 전도사 사모가 병원에서 아이를 출산할 때 교회에 모인 권사님들이 산모와 아이를 위해 기도하는 대신에 아이의 미래를 알아보기 위해 사주를 물어보는 웃지 못할 슬픈 일이 벌어지기도 한다. 새해가 되면 사주팔자나 신년 운수를 보는 교인들도 적지 않다고 한다. 예수를 믿는다고 하면서도 미신을 떨쳐 버리지 못한 탓이다. 그들은 하나님보다 미신을 더 신뢰하기 때문이다.

룻의 시어머니 사랑
❞ 국적을 바꾸겠습니다

"룻이 이르되 내게 어머니를 떠나며 어머니를 따르지 말고 돌아가라 강권하지 마옵소서 어머니께서 가시는 곳에 나도 가고 어머니께서 머

194

무시는 곳에서 나도 머물겠나이다 어머니의 백성이 나의 백성이 되고 어머니의 하나님이 나의 하나님이 되시리니"(룻 1:16)

나오미를 따라나선 모압 여인 룻은 따라오지 말라는 시어머니 나오미에게 두 가지 폭탄선언을 한다(룻 1:16). 첫째, 자신의 국적을 바꾸어 시어머니와 평생을 함께 지내겠다는 선언이다. 그러니 어머니를 떠나 자기의 조국으로 돌아가라는 말을 하지 말라고 애원했다. 만일 자기가 어머니를 배반하고 떠난다면 어떠한 벌도 받겠다는 굳은 결심에서 룻이 나오미를 얼마나 존경하고 사랑하는지를 알 수 있다.

룻은 자기의 결심이 일시적인 감정에 의한 것이 아니라고 말했다. 룻의 진심은 "어머니께서 가시는 곳에 나도 가고 어머니께서 머무시는 곳에서 나도 머물겠나이다 어머니의 백성이 나의 백성이 되고"(룻 1:16)라는 고백에서 확인할 수 있다. 사랑하는 사람과 함께 살기 위해서 국적을 바꾸는 예는 젊은 남녀 사이에서 들려오는 일이지만 나오미와 룻의 이야기에서는 전혀 다른 일이다. 홀로 된 젊은 여인이 홀로 된 늙은 시어머니를 모시기 위해 국적을 바꾸겠다고 나서는 것은 결코 기쁘게 받아들이거나 축하해 줄 수 없는 무모한 결심에 속한다.

룻의 고백은 이방 여인의 입에서 나올 말이 아니다. 남편도 없고, 자식도 없는 이방 여인이 홀로된 시어머니를 섬기기 위해 국적을 바꾸겠다는 결심을 드러내는 이 말은 가슴을 뭉클하게 만든다.

" 종교를 바꾸겠습니다

룻의 두 번째 폭탄선언은 자신의 종교를 바꾸겠다는 것이다. 시어머니가 믿는 하나님을 자기도 믿겠다는 선언이다(룻 1:16). 시어머니와 함께 살 수 있다면 자기의 종교를 바꾸어 하나님을 섬기겠다는 결심이다. 시어머니와 함께 살기 위해 개종하겠다고 결심한 것이다. 나오미의 며느리로 지낸 10년의 세월 속에 나오미가 믿는 하나님을 믿게 된 며느리 룻의 신앙고백이다. 룻의 고백은 시어머니를 향한 며느리의 사랑과 존경이 담긴 신앙고백이다.

이런 신앙고백을 하는 며느리, 이처럼 시어머니를 지극히 사랑하고 존경하여 자기 국적까지도 바꾸는 며느리를 사랑하지 않을 시어머니가 어디 있겠는가? 심지어 시어머니가 믿는 하나님을 자기도 믿겠다고 나서는 며느리가 아닌가? 시어머니가 며느리에게 얼마나 잘해 주었으면 시어머니를 죽기까지 사랑하겠다고 고백하게 만들었을까?

나오미와 룻이 서로 사랑하고 신뢰하는 모습은 고린도전서 13장에 기록된 사랑의 모범을 보여주고 있다. 이러한 사랑은 시대를 넘어 고부간의 갈등뿐만 아니라 장모와 사위 사이에도 갈등이 빈번하게 일어나는 현대 사회에서 그리스도인들을 깊이 반성하게 하고 생각하게 만든다. 예수를 믿는 시댁이나 처가 식구들의 말과 행동으로 인해 며느리나 사위가 상처를 받아 그들의 신앙을 버리는 일이 일어나지 않도록 해야 한다.

나오미를 따라나선 룻의 선택은 좁은 문이었다. 많은 사람이 선택하는 넓고 편한 문이 아니라 좁아서 들어가기가 힘든 문이었다. 문을 통과하기까지 어떤 일을 만나게 될지 알 수 없는 문이며. 찾는 자가 적은 문이고. 그 문을 열고 들어가면 험난한 일들이 기다리는 좁은 길로 연결되는 문이었다.

　좁은 문을 선택한 룻은 예수님의 가계에 이름을 올리는 영광을 얻었다. 룻이 선택한 문은 생명으로 인도하는 축복의 통로였다.

3. 손주가 행복해야 한다

레갑의 후손을 본받으라
99 믿음을 이어받는 손주의 마음이 중요하다

성공적인 손주 신앙교육을 위한 세 번째 조건은 조부모의 신앙을 물려받을 손주가 행복해야 한다는 것이다. 손주를 신앙적으로 바르게 양육하는 데 제일 중요한 조건이다. 손주를 양육하는 조부모가 아무리 행복하고, 젊은 부모가 행복을 느껴도 믿음을 물려받을 당사자인 손주가 싫어하면 좋은 결과를 기대할 수 없으며 잘못하면 역효과가 날 수도 있기 때문이다.

6·25 전쟁 때 순교한 어느 장로의 후손을 만난 적이 있다. 20대 후반의 그 젊은이는 1900년 초에 기독교 복음을 영접한 선조들이 남긴 믿음의 유산을 자랑스럽게 생각하며 잘 이어받기 위해 노력하고 있

다고 했다. 그는 믿음의 배우자를 만나 믿음의 가문을 이어가기 위해 기도하고 있다. 그의 소망 가운데 하나는 믿음의 자녀에게 천대의 복을 주신다는 하나님의 약속이 이루어지는 것을 보는 것이다.

🎵 가문의 신앙 전통을 기쁨으로 이어 받은 레갑의 후손

"⁸우리가 레갑의 아들 우리 선조 요나답이 우리에게 명령한 모든 말을 순종하여 우리와 우리 아내와 자녀가 평생 동안 포도주를 마시지 아니하며 ⁹살 집도 짓지 아니하며 포도원이나 밭이나 종자도 가지지 아니하고 ¹⁰장막에 살면서 우리 선조 요나답이 우리에게 명령한 대로 다 지켜 행하였노라"(렘 35:8-10)

유다의 여호야김 왕 시대의 선지자 예레미야는 어느 날 레갑의 후손들을 불러모아 포도주를 마시게 하라는 하나님의 명령을 받았다 (렘 35:1). 예레미야는 레갑의 후손들과 자기 아들을 여호와의 집으로 데리고 갔다. 예레미야는 레갑의 후손들에게 포도주가 가득한 술잔을 앞에 두고 그들에게 마시라고 권했다. 하나님이 레갑의 후손들의 믿음을 테스트하신 것이다.

레갑의 후손들은 한 치의 망설임도 없이 포도주를 마시지 않겠다고 했다. 예레미야의 명령을 정면으로 거부한 것이다. 비록 선지자 예레미야의 명령이라고 해도 선조들의 명령을 어길 수 없다고 선언했다. 그들은 자신들이 왜 포도주를 마실 수 없는지를 설명했다. 자신들은 레갑의 아들 요나답의 후손으로서 요나답이 지키라고 명령한 신앙을 지키기 때문에 포도주를 마시지 않겠다고 했다. 그들은 포도원을 소유하거나 포도주를 마시지 말라는 명령을 받아 수백 년 동안 지켜오는 가문의 신앙 규례를 깨뜨릴 수 없다고 했다.

레갑의 아들 요나답의 후손들이 대대로 내려오는 신앙유산을 300년이 넘도록 철저하게 지킨다는 것은 결코 쉬운 일이 아니다. 그들은 많은 것을 포기해야 하는 힘든 길을 걸으면서도 꾀를 부리거나 불평하지 않았다.

레갑의 후손들이 믿음의 유산을 잘 지킬 수 있었던 데는 세 가지 이유가 있다. 첫째, 조상들의 철저한 신앙교육이다. 그들은 후손들에게 꼭 지켜야 할 규례들을 자세하게 설명해 주었다. 왜 지켜야 하는지, 지키지 않으면 어떤 일이 일어나는지도 곁들여서 설명해 주었다. 이처럼 하나님 말씀을 후손들에게 잘 가르치는 것은 매우 중요하다.

둘째, 모두 함께 지켰기 때문이다. 남자뿐만 아니라 부인과 자녀들을 포함한 모든 가족이 그 명령을 지켰다. 이처럼 신앙의 공동체인 가정이 믿음으로 하나가 될 때 외부의 유혹이나 핍박을 극복하기가 쉽다.

셋째, 후손들이 가문의 신앙유산을 기쁨으로 물려받았기 때문이다. 조상들이 남긴 믿음의 유산을 잘 지켰다. 그들은 나실인보다 더 엄격한 신앙 규칙과 생활방식에 불만을 표시하지 않고 기쁜 마음으로 잘 따랐다. 조상들의 모범적인 신앙생활은 자녀들에게 좋은 신앙교육

방법이었다.

레갑의 아들 요나답의 후손들은 불편한 삶을 살면서도 조상들이 전해준 신앙유산을 버리거나 변경하지 않았다. 그들의 이러한 삶은 이스라엘 백성들의 삶과는 대비되는 삶이었다. 이스라엘 백성들의 불순종을 지적하신 하나님께서는 레갑의 아들 요나답의 후손들은 하나님 앞에 설 자가 영원히 끊어지지 아니하리라고 축복해 주셨다(렘 35:19). 반면 여호와께서는 예레미야에게 이스라엘 백성들의 불순종을 지적하시면서 경고하신 대로 재앙을 내리시겠다고 하셨다.

기쁨으로 양육하라

"그의 이웃 여인들이 그에게 이름을 지어 주되 나오미에게 아들이 태어났다 하여 그의 이름을 오벳이라 하였는데 그는 다윗의 아버지인 이새의 아버지였더라"(룻 4:17)

오벳은 어릴 때 나오미 할머니 품에서 자랐으며 나오미는 오벳을 믿음의 자녀로 양육했다. 오벳은 하나님을 경외하는 신앙교육을 받았다. 오벳은 모압 출신 어머니가 아닌 베들레헴 출신 나오미에게 이스라엘의 역사와 전통, 언어를 배웠다. 그는 나오미 할머니의 삶에서 하나님이 어떻게 복을 주셨는가를 들었다. 할머니의 신앙 간증은 그의 삶에 좋은 교훈이 되었다.

오벳은 믿음의 여인 라합의 신앙을 물려받은 아버지 보아스에게도 신앙교육을 받았다. 라합의 믿음이 얼마나 위대했는지를 들으며 자랐다. 어머니 룻도 오벳에게 하나님을 섬기는 법을 가르쳐 주었다. 특히 나오미와 룻에게는 행복한 가정이 무엇인지를 배웠다. 할머니에게는 어머니의 신앙과 성실함을 들었고, 어머니에게는 할머니의 믿음과 사랑을 들으며 성장했기에 오벳은 예수님의 조상이 될 수 있었다. 믿음의 여인 라합의 피를 물려받은 오벳은 이스라엘의 위대한 왕 다윗의 할아버지가 되었다.

태어나서 믿음의 가족들에게 신앙교육을 받은 오벳이 다윗에게 위대한 믿음의 유산을 잘 물려준 것이다. 하나님의 말씀을 행복하게 배우고, 순종했던 오벳이 예수님의 족보에 이름을 올린 것은 너무나 당연한 결과이다. 배우는 자가 행복할 때 과정과 결과도 아름다운 것이다.

사랑으로 하나님의 말씀을 전하라
,, 사랑으로 양육하라

"또 아비들아 너희 자녀를 노엽게 하지 말고 오직 주의 교훈과 훈계로 양육하라"(엡 6:4)

바울 사도는 자녀를 사랑으로 양육하라고 명령한다. 그들을 노엽게 하지 말라고 한다. 하나님의 말씀을 즐겁게 배우게 하라는 명령이다. 하나님의 말씀을 전하는 자가 배우는 자를 노엽게 하면 오히려 역효과가 나타나기 때문이다. 그들이 전하는 하나님의 말씀을 거부하며 하나님을 오해할 수도 있기 때문이다.

❞ 어른들의 신앙 생활이 더 중요하다

믿음의 가문에서 하나님을 부정하는 후손이 등장하는 것은 가문의 어른들, 즉 조부모와 부모의 영향이 크다. 아이들이 가정에서 부모에게 순종하는 법을 제대로 배우지 못한 것이 가장 큰 이유이다. 함께 살아가는 부모와 조부모의 가르침에 순종하지 않으면서 눈에 보이지 않는 하나님의 말씀에 순종하는 것이 쉽지 않기 때문이다. 그다음으로는 부모나 조부모의 말과 행동이 가정과 교회에서 다르기 때문이다. 교인을 대하는 태도와 자녀를 대하는 태도가 다른 것도 아이들이 기독교 신앙을 버리고 세상으로 가는 이유이다. 때로는 하나님을 부정하는 이유가 부모의 잘못된 신앙생활 때문이라는 충격적인 이야기도 듣게 된다.

부모와 조부모와의 관계가 좋은 아이들은 조상들의 교훈을 잘 물려받는다. 그들이 가르쳐주는 신앙을 잘 받아들인다. 나아가 그들이 물려주는 신앙의 유산을 잘 지키고, 그것을 후손에게 잘 물려준다.

4. 3대가 행복해야 한다

세 겹줄은 쉽게 끊어지지 않는다

,, 할아버지 기도해 주세요!

필자의 딸은 초등학교에 다니는 자기 딸과 큐티를 한다. 잠자리에 들기 전에 하루를 돌아보고 하나님의 말씀을 나눈다. 그러다 보니 손녀는 좋은 일이나 나쁜 일을 경험하면 할아버지인 나에게 와서 기도 부탁을 한다.

그때마다, 나는 하던 일을 멈추고 아이와 대화를 나눈다. 아이를 진정시키고 나서 아이가 무엇 때문인지 물어본다. 예를 들면 무슨 꿈인지, 꿈이 왜 무서웠는지, 어떻게 무서움을 이겨냈는지를 물어보면 아이는 차근차근 설명해 준다.

"할아버지, 나쁜 꿈을 꿀 때는 큰 소리로 하나님을 부르며 마귀를 물리쳐 달라고 하였어요."

아이의 대답을 듣고 잘했다고 격려를 해 주면 아이는 기분이 좋아 활짝 웃는다. 그리고 아이 손을 잡고 함께 기도를 한다.

"하나님, 우리 서현이가 어제 나쁜 꿈을 꾸었습니다. 서현이가 꿈을 꿀 때 두려움에 사로잡히지 않게 해 주세요. 서현이가 하나님의 은혜로 늘 승리하게 하여 주시옵소서. 예수님의 이름으로 기도합니다. 아멘!"

기도가 끝나면 아이는 환한 미소를 지으며 할아버지를 안아 주면서 볼에 뽀뽀를 해준다.

"서현아 오늘부터는 잠자리에 들기 전에 좋은 꿈을 꾸도록 하나님께 기도하자!"

"네! 할아버지 그렇게 할게요."

손주가 조부모에게 도움을 요청하는 것은 좋은 신호이다. 조부모를 신뢰한다는 표시이다. 대화할 마음의 준비가 되어 있음을 알려주는 신호이다. 이런 기회를 놓치면 안 되며 아이가 신앙적인 문제로 도움을 요청할 때는 다른 일에 앞서서 아이와 대화를 해야 한다. 대화의 문이 열릴 때 귀를 기울이고 사랑을 표현하면 아이의 마음을 얻을 수 있다. 이때가 아이에게 하나님의 사랑을 전하는 있는 기회가 된다.

〃 믿음의 세 겹줄은 든든하다

"한 사람이면 패하겠거니와 두 사람이면 맞설 수 있나니 세 겹줄은 쉽게 끊어지지 아니하느니라"(전 4:12)

미래 세대를 믿음으로 양육하는 데에도 한 세대가 모든 책임을 지는 것보다 여러 세대가 힘을 합치면 더욱 효과적이다. 한 세대가 넘어지면 다른 세대가 일으켜 주고, 한 세대가 힘들어하면 다른 세대가 믿음으로 위로하는 과정을 통해 믿음의 가정을 이룰 수 있다.

한 가정에서 한 세대만 하나님을 믿으면 그 가정은 하나님의 말씀으로 하나가 되는 데 어려움이 많이 있다. 두 세대만 신앙생활을 하고 한 세대는 하나님을 알지 못한다면 이 또한 온전한 믿음의 가정을 이루기에는 어려움이 많다.

성경은 조부모와 젊은 부모, 그리고 손주 모두에게 믿음으로 하나가 되라고 명령하신다. 조부모와 젊은 부모, 그리고 손주로 이루어진 3대가 하나님의 말씀 안에서 하나가 되면 더욱 단단하게 연결되어 쉽게 넘어지거나 끊어지지 않는다고 하신다(전 4:12). 3대가 하나 되어 하나님을 경외하며 그의 말씀에 순종하면 세상의 유혹에 쉽게 넘어가거나 하나님을 떠나지 않는다.

조부모와 젊은 부모, 그리고 손주 세대가 믿음의 세 겹줄로 든든하게 뭉쳐 있을 때 그 가정은 대를 이어 믿음의 가문을 이어갈 수 있을 것이다. 이를 위해 가족 구성원들의 헌신과 기도가 필요하며 가족 전체가 하나님의 말씀으로 연합하면 하나님이 약속하신 복을 누리게 될 것이다.

하나님 중심의 가족관계를 유지하라

❞ 버려야 얻을 수 있다

(성경적 손주양육 성공 조건)

조부모와 젊은 부모, 손주의 각 세대 간에는 일정한 부분의 공유가 필요하다. 3대가 하나의 동심원을 이루거나 세대 간에 공유하는 부분이 없으면 위험하다. 반대로 세대 간의 공유 면적이 너무 크거나 너무 작은 것도 바람직하지 않다.

첫째, 하나의 동심원을 이루면 독립성이 없어진다. 한 세대가 다른 세대를 통제하고 지배하게 되어 세대 간에 불평등이 나타난다. 조부모가 가정의 모든 주도권을 가지고 있으면 다른 세대의 불만과 불평이 일어난다. 젊은 부모가 주도권을 행사하면 조부모의 명예는 땅에 떨어진다. 또 손주가 가정에서 왕 노릇을 하면 다른 두 세대는 손주의 노예처럼 살아가야 한다. 하나님께서 자녀를 사랑하라고 명령하신 것과 부모를 공경하라는 말씀은 조부모가 가정의 어른으로서 믿음의 중심이 되어야 한다는 뜻을 가지고 있다.

둘째, 3대가 서로가 공유하는 부분이 없으면 겉으로는 독립성과 자율성이 극대화되는 것처럼 보이지만 가족으로서 연대감이 없어진다. 따라서 세 개의 원이 만나는 지점에는 조부모와 손주 사이에는 서로 상대를 신뢰하고 이해하는 부분이 있어야 한다. 세 개의 원이 만나 일정한 공동의 공간이 필요한데 이 공간이 바로 하나님을 섬기는 믿음과 사랑이라는 공간이다. 3대가 서로 일정한 부분 공유하면서 독립적인 영역이 필요한 이유이다. 3대가 함께하는 가정에 공유하는 공간을 가지지 못하면 그들 사이에는 상호작용이 일어날 수 없다.

〞3대가 화합하는 것이 중요하다

조부모의 신앙이 후손들에게 잘 전해지기 위해서는 먼저 가정의 평화와 행복이 있어야 한다. 조부모들이 손주를 신앙적으로 잘 양육하기 위해서는 조부모와 젊은 부모, 손주 모두가 행복해야 한다. 신앙이 바탕이 된 가정의 행복이 가장 바람직하다. 3세대 사이에 믿음이라는 연결 고리가 없을 때 외부의 공격을 받을 수 있다. 사탄의 공격에 무너질 위험이 있다. 조부모의 신앙이 후손들에게 대물림될 가능성도 극히 적어진다. 손주 세대는 조부모와 젊은 부모의 신앙 교육과 삶의 지도가 필요하다.

애니타 클레벌리(Anita Cleverly)는『신앙적인 조부모』(Faithful Grandparents)에서 "여러 세대의 여인들이 마음과 가슴을 합하면 관계된 모든 사람들의 삶이 좋아진다. 하나님은 영광을 받으시고, 교회는 힘을 얻고 부유해지며, 가정은 행복하고 건강해진다."라고 했다. 믿음의 대를 이어가는 손주는 조부모와 젊은 부모 세대가 믿음으로 하나가 되어야 한다는 것을 강조한 것이다.

조부모의 손주 신앙교육이 성공하려면 조부모와 부모, 손주의 사랑과 행복이 필요하다. 3대가 행복해지는 손주 신앙교육의 중심에는 하나님이 있어야 가정에 다양한 사랑의 능력이 나타날 수 있으며 온전한 손주 신앙교육이 이루어질 수 있다. 하나님에 대한 믿음이 중심을 이루지 못하는 3대의 행복은 불가능하다. 믿음은 한 세대의 전유물이 아니라 3세대가 함께 공유하는 것이다.

하나의 꿈을 꾸는 가족이 되자
〃막힌 담을 허물어라

"내 이름으로 일컫는 내 백성이 그들의 악한 길에서 떠나 스스로 낮추고 기도하여 내 얼굴을 찾으면 내가 하늘에서 듣고 그들의 죄를 사하고 그들의 땅을 고칠지라"(대하 7:14)

조부모의 신앙이 후대에 잘 전달되기 위해서는 후손들이 조부모의 가르침을 잘 따르는 것이 필요하며 그러기 위해서는 가르치는 조부모와 배우는 손주 사이에 장애물이 없어야 한다. 믿음의 대물림을 방해하는 장애물 제거는 한 세대의 노력만으로는 안 된다. 세대 사이에 쌓인 나쁜 감정을 해결하는 길은 잘못한 쪽에서 먼저 고백하고 용서를 구하는 것이다.

조부모와 젊은 부모 사이에 쌓인 앙금이나 오해는 세대 간의 갈등을 일으키는 원인이 된다. 조부모와 젊은 부모 사이에 갈등이 발생하면 손주에게 신앙을 전해주는 것은 어렵게 된다. 젊은 부모는 조부모와 손주의 중간자로서 믿음과 축복의 통로 역할을 할 수도 있지만 두 세대를 가로막는 장애물이 될 수 있기 때문이다.

가족 간에 대화를 가로막는 담이 며칠 전에 발생한 갈등 때문일 수도 있고, 몇 년 전의 일이 원인일 수도 있다. 신앙의 성공적인 세대 계승을 위해서 가장 먼저 해결해야 할 문제이다. 믿음의 세대 계승이 순조롭게 이루어지기 위해서는 세대 간의 소통을 가로막는 벽을 허물어야 한다. 영적인 상처나 상한 감정 등과 같은 걸림돌을 제거하도록 노력하자.

〝〞주 안에서 하나의 꿈을 꾸자

"그 후에 내가 내 영을 만민에게 부어 주리니 너희 자녀들이 장래 일을 말할 것이며 너희 늙은이는 꿈을 꾸며 너희 젊은이는 이상을 볼 것이며"(욜 2:28)

성경에는 하나님의 영을 받으면 나이에 상관없이 꿈을 꾸게 된다고 말씀하신다. 요엘 선지자는 3대가 행복한 신앙생활을 하기 위해서는 3대가 같은 방향, 같은 꿈을 꾸며 신앙생활을 해야 한다고 한다. 자녀와 젊은이, 노인이 하나님의 영을 통해 동일한 이상을 보며 꿈을 꾸는 가정이 행복한 가정이 될 수 있다는 것이다.

조부모와 젊은 부모, 손주는 별도의 삶을 살 수 없다. 한 핏줄을 나누어 가진 이들은 서로가 서로에게 영향을 끼치는 존재이다. 가족이라는 공동체 안에서 동일한 기억과 전통을 공유한다. 동일한 삶의 방향과 이해, 목표와 목적을 가지고 있다. 그들은 지배자나 경쟁자가 아니라 협력자가 되어 살아간다. 손자는 노인에게 면류관이요, 아버지는 자식의 영화라는 잠언 17장 6절의 말씀은 3대가 어떤 관계를 유지해야 하는 가를 말해주고 있다.

"손자는 노인의 면류관이요 아비는 자식의 영화니라"(잠 17:6)

자녀를 신앙적으로 잘 양육한 가정에서는 진정한 행복을 누릴 수 있다. 자녀들이 주 안에서 하나님이 주신 능력을 가진 강건한 인물로 살아가며, 마귀와 대적할 하나님의 전신 갑주를 입고, 악의 영들을 상대하여 승리하는 삶을 살 것이다. 자식의 올바른 믿음을 보는 부모는 행복하다.

마찬가지로 조부모도 손주가 의와 진리 안에서 복음과 믿음을 가지고 하나님의 말씀인 구원과 성령을 가지며, 성령 안에서 기도하고 깨어 기도하는 모습을 보게 될 것이다(엡 6:10-18). 손주의 행복한 신앙생활을 보는 것은 하나님이 조부모에게 주시는 축복이다(시 128:3-6). 이 축복을 대대로 누리기 위해 후손들에게 믿음을 잘 물려 줘야 한다.

믿음의 경주에 성공하기 위해서는 3대가 하나의 꿈을 꾸어야 한다. 조부모의 기억과 경험이 젊은 세대와 어린 세대가 큰 꿈을 꾸는 데 도움이 될 수 있기 때문이다. 하나님을 경외하고 섬기는 일에 3대가 힘을 합칠 때 하나님은 그 가문을 든든히 세워주셔서 모든 사람의 칭찬을 받게 하신다. 하늘의 복을 주실 것이다.

,, 신앙 명문 가문의 5가지 유산(POWER)

우리나라의 기독교 복음 전파는 1885년 미국인 선교사 언더우드와 아펜젤러가 입국하면서 공식적으로 시작되었다. 그들의 뒤를 이어 수많은 선교사가 이 땅을 밟았고, 그동안 한반도에는 수많은 교회가 설립되었다. 그 결과 오늘날 우리나라의 기독교인은 1천만 명 정도에 이르고 서울을 비롯한 대도시에는 수천 명에서 수만의 교인들이 출석하는 교회가 많이 있다. 지금 대한민국의 기독교는 미국에 이어 두 번째로 많은 선교사를 해외로 파견하여 세계 복음화에 앞장서고 있다.

하지만 기독교 복음이 이 땅에 전해진 이후 현재에 이르기까지 믿음의 선조들은 많은 고난을 겪었다. 처음에는 가문으로부터 박해를 당했다. 유교가 지배하던 시대에 예수를 믿다가 가문에서 쫓겨난 일도 많았다. 일제 강점기인 1919년 3월 1일에는 조국의 독립을 위해 교회가 앞장서서 만세를 부르다가 많은 교인들이 고난을 받았다. 일제가 자신들이 섬기는 신사에 참배하라고 강요하자 교회 지도자들은 신사참배는 우상숭배와 같다고 하면서 거부하자 예배를 금지하거나 지도자를 감옥에 가두고 말로 형언할 수 없는 혹독한 고문을 가했다. 그들의 고문 때문에 순교를 당한 목사와 장로도 많이 있다. 6·25 전쟁 중에는 예수를 믿는다는 이유만으로도 순교를 당했다.

그러나 우리의 신앙 선조들은 많은 시련과 위험 속에서도 믿음으로 살았다. 130여 년 동안 믿음의 대를 잘 이어오는 가문이 우리 주변에 많이 있다. 우리는 그들을 '신앙 명문 가문' 혹은 '믿음의 명문 가문'으로 부르는 것을 주저하지 않는다. 4~6대에 걸쳐 믿음의 대를 이어오는 가문 중에는 순교자도 있고, 심한 박해를 당해 어려움을 겪은 사람들도 많이 있다.

믿음의 명문 가문으로 불리는 가문의 신앙생활에는 어떤 비밀들이 있는 것일까? 필자가 지난 10여 년 동안 전국을 돌며 수집한 자료를 기준으로 정리하면 신앙 명문 가문에서는 다음과 같은 방법으로 후손들에게 믿음을 전해주고 있다.

첫째, 기도(Prayer)이다. 그들은 어려움을 당할수록 더욱 기도에 힘을 썼다. 그들은 하나님을 찬양하며 기도하기를 쉬지 않았다.

둘째, 순종(Obedience)이다. 그들은 하나님의 말씀에 순종했고, 부모의 신앙교육에 순종하며 살았다.

셋째, 예배(Worship)이다. 그들은 무엇보다 예배를 중요하게 생각했다. 주일에는 예배를 드리는 것 외에는 아무 일도 하지 않는 철저한 성수 주일을 지켰다.

넷째, 교육(Education)이다. 자녀들의 신앙교육을 위해 교회 부설로 학교를 설립하였다. 학교에서는 신학문과 함께 기독교 신앙교육을 병행했다.

다섯째, 기록(Record)이다. 그들은 교회의 역사를 상세하게 기록하여 후손에게 물려주고 있다. 자서전이나 일기를 통해 자신들의 신앙을 후손에게 전해주기도 한다.

신앙 명문 가문의 5가지 유산의 영어 첫 글자를 모으면 힘(POWER)이 된다. 세상이 줄 수도 없고 빼앗을 수도 없는 **영적 능력(Spiritual POWER)**이다. 그들은 대대로 이 다섯 가지 유산을 후손들에게 물려주고 있으며 철저하게 지키고 있다. 이 다섯 가지 유산은 그들이 100년이 넘도록 그리스도인으로 살아가는 데 큰 힘이 되고 있다. 일제와 인민군의 박해와 고난과 환난 속에서도 믿음으로 살 수 있게 만들어 준 믿음의 유산이다.

올바른 신앙은 가정에서 먼저 시작되고 훈련되어야 한다. 남에게 복음을 전하는 것도 중요하지만 가족의 복음화도 매우 중요하다. 수단과 방법을 잘 선택하는 것이 필요하다. 가족에게 복음을 전하는 것은 말과 행동이 일치할 때 큰 영향력을 발휘할 수 있다.

자신은 믿음으로 산다고 하면서도 자녀들에게 올바른 신앙을 전해주지 않는 것은 결코 온전한 믿음이 아니며 부모의 큰 잘못이라 할 수 있다. 자신은 예수를 믿고 구원을 받아 천국에 간다는 확신이 있다면, 사랑하는 자녀가 믿음이 없어 지옥으로 가는 것을 그냥 두고만 볼 수는 없기 때문이다. 이것이 부모가 자녀에게 신앙을 심어주고 전해 주어야 하는 가장 큰 이유이다. 자식은 부모의 소유물이 아니라 여호와께서 주신 기업이요 상급이기 때문이다.

"보라 자식들은 여호와의 기업이요 태의 열매는 그의 상급이니라"(시 127:3)

조부모는 하나님으로부터 양육을 위탁받은 손주들에게 믿음을 전해주며 주 안에서 자녀를 믿음으로 잘 양육할 의무와 책임이 있다.

성장한 손주에게 전하는
믿음의 명문가를
이어가는 방법

🔖 노인을 존중하라

오늘날 우리 사회는 "조부모를 잊어가는 사회"라고 걱정한다. 잘못하면 앞으로 "조부모 부재 시대"가 될 수도 있다. 일부러 잊으려 하는 것은 아닐지라도 표면적으로 나타나는 현상이 그렇다는 것이다. 조부모가 사라지거나 잊혀지는 사회의 미래는 어둡고 위험하다. 과거 없는 사회, 과거를 부정하는 사회, 과거를 알지 못하는 사회는 과거로부터 배우지 못하고 제대로 된 미래를 준비할 수 없기 때문이다.

"백발은 영화의 면류관이라 공의로운 길에서 얻으리라"(잠 16:31)

인간은 나이가 들수록 육체적으로, 정신적으로 연약해진다. 듣고 말하는 데 어려움을 겪거나 질병에 걸릴 가능성이 높아진다. 질병으로 인해 자기 자신을 돌보는 것도 어려울 수도 있고, '메뚜기도 짐이 될'(전 12:5) 정도로 허약해질 수도 있다.

"너희가 노년에 이르기까지 내가 그리하겠고 백발이 되기까지 내가 너희를 품을 것이라 내가 지었은즉 내가 업을 것이요 내가 품고 구하여 내리라"(사 46:4)

성경은 노인의 이러한 육체적인 질병과 나약함이 특별한 사람에게 나타나는 어려움이 아닌 노화의 자연스러운 현상이라고 말한다. 하

218

나님께서는 육체적으로 연약한 노년 세대를 사랑하신다. 하나님께서는 자신이 지으신 인간을 백발에 이르기까지 업어 주시며 품어주셔서 보호해주실 것이며 구하여 내시겠다고 용기를 주신다(사 46:4).

성경은 나이 많은 사람을 폄하하거나 뒷방 늙은이로 묘사하지 않는다. 하나님은 인생 3막(은퇴 후의 삶)을 살아가는 노인에게 하나님의 위대한 일을 맡기기도 하신다. 그들을 백성의 장로와 지도자로 삼아 하나님의 뜻을 이루시기를 원하신다(민 11:16).

백발의 노인은 하나님의 복을 받은 사람이다. 노인들의 흰 머리는 하나님께서 주신 노인의 아름다움 그 자체이다(잠 20:29). 흰 머리는 인생과 신앙의 경륜이 묻어나는 노인의 자랑이다. 하나님은 노인들이 불평하거나 허송세월하는 것을 기뻐하지 않으신다. 하나님께서 주신 건강과 지혜를 하나님 나라 확장에 사용하기를 원하신다. 후손들에게 믿음을 잘 물려주기를 기대하신다. 하나님과 함께하는 노년은 후세에 좋은 신앙의 모델이 된다.

❞ 노인의 조언에 귀를 기울이라

"어린 사람들의 자문을 따라 그들에게 말하여 이르되 내 아버지는 너희의 멍에를 무겁게 하였으나 나는 너희의 멍에를 더욱 무겁게 할지라 내 아버지는 채찍으로 너희를 징계하였으나 나는 전갈 채찍으로 너희를 징치하리라 하니라"(왕상 12:14)

노인들에게는 살아온 세월만큼이나 풍부한 지혜가 있다. 지혜는 능력이고(전7:19), 지혜로운 자의 교훈은 생명의 샘이다(잠13:14). 하나님께서는 노인들의 지혜를 높이 평가하신다. 하나님께서는 지혜로운 노인을 공경하라고 명령하신다. 성경에는 "훈계를 들어서 지혜를 얻으라" (잠 8:33)고 권하고 있다. 그 지혜를 버리지 말라고도 하신다. 노인들이 전하는 하나님의 말씀에는 젊은이들이 필요로 하는 지혜가 있다. 노인의 훈계를 경청하고 노인의 지혜를 존경하는 자는 지혜로운 사람이다. 젊은 세대는 노인 공경을 통해 그들의 지혜와 명철을 들을 수 있는 귀를 가져야 한다.

솔로몬의 아들 르호보암이 왕위에 오르자 백성들이 찾아와서 세금을 경감해달라고 간청하였다. 과도한 세금을 줄여주면 계속해서 왕에게 충성하겠다고 말했다. 그러자 르호보암은 3일 후에 다시 오면 그들의 요구에 대한 대답을 해 주겠다고 돌려보냈다. 르호보암은 먼저 솔로몬 왕을 모셨던 노인들에게 해결 방법을 물었다. 노인들은 솔로몬 왕 시대에 성전과 왕궁을 건축하느라 많은 어려움이 있었으므로 백성들의 세금 감면 요구를 들어주어야 한다고 조언했다.

노인들의 자문이 마음에 들지 않아서인지 아니면 다양한 의견을 듣고 싶어서인지는 모르지만 르호보암은 자기와 비슷한 연령의 젊은이들에게 자문을 구했다. 젊은이들은 오히려 세금을 더 거두어야 한다고 말했다. 백성들에게 더욱 혹독하게 대해야 한다고도 했다. 르호보암 왕은 3일 후에 다시 찾아온 백성들에게 노인들의 충고를 무시하고 젊은이들이 조언한 대로 백성들에게 말했다. 그의 태도는 교만했다. "내 아버지는 너희의 멍에를 무겁게 하였으나 나는 너희의 멍에를 더욱 무겁게 할지라 내 아버지는 채찍으로 너희를 징계하였으나 나는 전갈 채찍으로 너희를 징치하리라"(왕상 12:14)라고 포학한 말로 대답했다. 백성들을 사랑하는 마음이 아니라 그들 위에 군림하고 그들의 어려움을 무시하는 대답이었다.

결국 솔로몬이 르호보암에게 물려준 거대한 왕국은 하나님의 경고대로 둘로 쪼개졌다. 노인의 지혜를 무시하고 백성들을 겁박한 결과였다. 할아버지 다윗과 아버지 솔로몬이 건설해 놓은 거대한 왕국은 순식간에 두 동강이가 났다. 노인의 지혜를 무시하다가 나라의 분열을 초래하게 된 것이다.

〃 부모를 공경하라

"너는 네 하나님 여호와께서 명령한 대로 네 부모를 공경하라 그리하면 네 하나님 여호와가 네게 준 땅에서 네 생명이 길고 복을 누리리라"(신 5:16)

하나님께서는 자기를 낳은 어머니를 기쁘게 하며 부모를 공경하며 즐겁게 하라고 명령하신다(잠 23:25). 부모를 공경하는 자에게는 하나님께서 재산과 장수를 주신다고 약속하셨다(출 20:12, 신 5:16).

그렇지 않고 부모를 소홀히 여길 때는 저주를 내리겠다고 하셨다

(신 27:16). 부모의 훈계를 듣기 거부하는 자는 부모를 무시하는 자이기 때문이다(잠 15:20). 부모를 저주하거나 육체에 위해를 가하는 자녀는 반드시 죽이겠다고 경고하셨다(출 20:15, 17, 마 15:4, 막 7:10). 부모를 구박하거나 쫓아내지도 말라고 명령하셨다(잠 19:26). 부모를 공경하지 못하고 오히려 부모의 명예를 더럽힌 자녀는 회복할 수 없는 저주를 받는다.

아버지의 명예를 더럽힌 다윗의 맏아들 압살롬은 저주를 받았다. 아버지의 왕권을 빼앗으려 했던 다윗 왕의 맏아들 압살롬은 아버지의 후궁과 대낮에 모든 백성의 눈앞에서 동침하는 죄를 지었다가 후일에 처참하게 살해당했다.

부모를 공경하는 것은 하나님의 명령인 동시에 자녀의 도리이다. 인간이 해야 할 가장 기본적인 삶의 태도이다. 부모와 자녀는 생명으로 연결된 관계이기 때문이다. 부모 공경은 하나님 공경과 연결된다는 측면에서 매우 중요하다. 자기를 낳은 부모를 공경하지 않는 자는 인간을 창조하신 하나님을 예배하거나 그의 말씀에 순종하기가 불가능하기 때문이다.

99 조부모를 공경하라

"너는 센 머리 앞에서 일어서고 노인의 얼굴을 공경하며 네 하나님을 경외하라 나는 여호와이니라"(레 19:32)

나이 많은 부모를 공경한다는 것은 그들의 필요를 채워주고, 충고를 들어주며, 그들이 가진 신앙과 경험을 인정해 주는 것으로 나타난다. 경제활동이 어렵고, 몸이 불편한 노인들을 돌보며 배려하는 것은 자녀들에게 주어진 중요한 책임이다.

젊은 세대가 노인 세대를 무시하는 것은 위험한 일이다. 그 위험은 한 세대로만 끝나지 않는다. 젊은 세대의 행실을 뒤에서 말없이 바라보는 다음 세대가 그들의 행동을 따라 할 가능성이 있다. 젊은 세대가 노인 세대를 멸시하는 것처럼 다음 세대도 이전 세대의 신앙과 경험, 그리고 지혜를 무시하고 존경하지 않을 수도 있기 때문이다. 젊은 부모가 조부모를 공경하는 모습은 자녀들의 신앙교육에도 매우 중요한 역할을 한다. 이전 세대와 현세대 그리고 미래 세대는 서로 밀접하게 연결되어 있기 때문이다. 젊은이들이 노인들에게 보여주는 작은 공경의 태도는 그들에게 자부심을 갖게 한다. 조부모를 공경하며 그들의 가르침에 순종하는 것은 조부모의 신앙을 대대로 이어가는 신앙의 명문 가문의 시작이 된다.

99 생활에 도움을 주라
"흉년이 아직 다섯 해가 있으니 내가 거기서 아버지를 봉양하리이다 아버지와 아버지의 가족과 아버지께 속한 모든 사람에게 부족함이 없도록 하겠나이다 하더라고 전하소서"(창 45:11)

노인을 공경하는 것 중에는 그들의 필요를 해결해 주는 것도 포함이 된다. 노인들이 살아가는데 필요한 의식주를 해결해 주는 것은 중요한 일이며 노인들에게 속한 모든 것도 함께 보살펴 주어야 한다. 이처럼 말로써 공경할 뿐만 아니라 행동으로도 공경하는 것이 진정한 공경이다.

야곱이 70여 명의 대식구를 거느리고 고향을 떠나 애굽으로 이주해온 때는 애굽과 인근 나라에 7년 대흉년이 시작되고 2년이 지난 시점이었다. 요셉은 아버지뿐만 아니라 자기를 애굽에 노예로 팔았던 형들과 그 가족들에게 부족함이 없도록 잘 봉양하겠다고 약속을 했다(창 45:11). 요셉은 야곱의 식구들이 먹고 살 수 있는 직업을 마련해 주었고, 시간이 날 때마다 아버지를 방문하고 불편함이 없도록 보살펴 드렸다.

〞 효를 행하라

"만일 어떤 과부에게 자녀나 손자들이 있거든 그들로 먼저 자기 집에서 효를 행하여 부모에게 보답하기를 배우게 하라 이것이 하나님 앞에 받으실 만한 것이니라"(딤전 5:4)

성경은 노인들을 위해 효를 행하라고 명령하신다. 나이가 많아 몸이 불편하거나 경제적으로 어려운 가족을 제대로 돌보지 않는 것은 하나님의 명령을 어기는 것이다. 가난하고 불쌍한 이웃을 돕는 것도 중요하지만 자기 핏줄을 돌보는 것이 더 중요하다. 사회적 약자인 과부의 자녀나 손주들은 집에서 효를 행하여 부모에게 보답하는 것이 하나님의 말씀에 순종하는 일이다(딤전 5:4). 하나님께서는 가족 중에 어려움을 겪는 노인들을 후손들이 잘 보살펴서 어려움이 없게 하라고 명령하셨다.

자기 가족을 돌보지 않으면서 이웃을 사랑한다는 것은 보여주기 위한 사랑이거나 위선으로 보일 수 있다. 후손들이 자기를 낳고 길러준 노년의 조부모를 섬기는 것이 마땅한 도리이기 때문이다. 즉, 그들이 살아가는 데 필요한 음식과 의복, 삶의 공간을 제공하는 것이 필요하다. 이것이 하나님이 젊은 부모와 손주에게 요구하시는 조부모 돌봄이다.

자녀들이 자기 부모나 조부모를 잘 섬기지 않으면서 눈에 보이지 않는 하나님의 말씀에 순종하며 하나님을 잘 섬긴다는 것은 불가능하다. 바울은 피를 나눈 가족을 돌보지 아니하는 사람은 믿음을 배반한 자이며 불신자보다 더 악한 자라고 경고했다(딤전 5:8). 자신의 혈육을 외면하는 자를 하나님도 외면하실 것이다. 하나님께서는 노인을 공경하지 않는 사람은 흉악한 사람이라고 하신다(신 28:50). 노인을 공경하는 것은 하나님의 말씀에 순종하는 것이며 복을 받는 길이다.

🔈 결혼은 하나님의 축복이다

"⁶ 창조 때로부터 사람을 남자와 여자로 지으셨으니 ⁷ 이러므로 사람

225

이 그 부모를 떠나서 ⁸ 그 둘이 한 몸이 될지니라 이러한즉 이제 둘이 아니요 한 몸이니 ⁹ 그러므로 하나님이 짝지어 주신 것을 사람이 나누지 못할지니라 하시더라"(막 10:6-9)

하나님께서 천지를 창조하실 때 자신의 형상을 따라 인간을 창조하시고, 그들에게 생육하고 번성하여 땅에 충만하라고 축복하셨다. 두 사람이 가정을 이루어 자녀를 낳고 행복하라는 말씀이며 그러기 위해서는 부모를 떠나 남자와 여자가 한 몸을 이루어야 한다(창 2:24, 막 10:6-9). 이것이 하나님이 인간을 창조하신 목적이며 결혼의 원칙이다. 남자와 여자가 만나 결혼을 하는 것은 하나님의 복을 받는 것이다(잠 18:22). 남자가 슬기로운 아내와 결혼하는 것은 하나님의 선물이다(잠 19:13-14). 지혜로운 남편과 결혼하는 여자도 하나님의 복을 받은 사람이다.

하나님께서는 부부가 화합해서 살기를 원하신다. 부부가 화합하지 못하는 가정은 불행하다. 기생 라합은 여리고 성을 정탐하러 온 두 사람을 숨겨 준 덕분에 온 식구가 구원을 얻었고, 아하수에르 왕의 아내였던 에스더는 이스라엘 백성을 구했다.

반면 다투는 아내는 남편의 근심이 된다(잠 19:13). 이삭과 리브가가 서로 다른 아들을 사랑함으로 말미암아 큰 다툼이 벌어졌다. 아내가 남편을 속인 결과 맏아들 에서와 둘째 아들 야곱 사이에 장자권을 둘러싼 갈등이 발생했다. 결국 형의 장자권을 빼앗은 둘째 아들 야곱은 형을 피해 먼 곳으로 가서 오랫동안 살아야 했다.

🔹 결혼의 거룩함을 지켜라

"모든 사람은 결혼을 귀히 여기고 침소를 더럽히지 않게 하라 음행하는 자들과 간음하는 자들을 하나님이 심판하시리라"(히 13:4)

하나님은 결혼의 거룩함을 지키라고 명령하신다. 하나님께서는 결혼을 중요하게 여기신다. 사도 바울은 음행이나 간음으로 인해 결혼 생활을 더럽히지 말라고 경고한다(히 13:4). 그렇지 않으면 하나님이 심판하실 것이라고 했다. 하나님께서 남의 아내와 간음하는 자는 남자와 여자를 모두 죽이라고 경고하신 것은 가정이 소중함을 강조하신 것이다. 결혼의 순결과 거룩함이 무너지면 가정이 무너지고, 사회 질서가 무너지기 때문이다.

아비멜렉이 아브라함의 아내 사라를 자기 집으로 데려간 날 저녁에 하나님께서는 아비멜렉의 꿈에 나타나서 죽이겠다고 경고하셨다. 사라에게는 하나님을 경외하는 아브라함이라는 남편이 있었기 때문이다(창 39:9). 애굽에 노예로 팔려갔던 청년 요셉은 자기가 섬기는 바로 왕의 친위대장인 보디발의 아내의 유혹을 물리쳤다. 그는 결혼한 여인과 동침하는 것은 하나님께 죄를 짓는 것이라고 했다(창 39:9).

"³ 르우벤아 너는 내 장자요 내 능력이요 내 기력의 시작이라 위풍이 월등하고 권능이 탁월하다마는 [4] 물의 끓음 같았은즉 너는 탁월하지 못하리니 네가 아버지의 침상에 올라 더럽혔음이로다 그가 내 침상에 올랐었도다"(창 49:3-4)

야곱은 죽기 전에 자신의 열두 아들을 불러놓고 유언을 했다. 자신의 아내 빌하와 간음을 한 맏아들 르우벤의 행동을 알고 있었던 야곱은 축복 대신에 저주를 내렸다(창 49:3-4). 맏아들로서 위풍이 월등하고 능력이 탁월했지만, 이스라엘 백성을 이끌어갈 장자의 자격은 없다고 유언을 남겼다. 아버지의 침상을 더럽힌 죄에 대한 결과는 장자권의 박탈로 이어졌다.

아브라함이 가나안으로 갈 때 동행한 인물 중에는 그의 조카 롯도 있었다. 두 사람의 재산이 많아져 서로 헤어지고 난 뒤 비옥한 소돔과 고모라 땅을 선택했던 롯은 하나님의 말씀대로 살지 못했다. 하나님께서 죄악이 만연한 소돔 성을 멸하시겠다고 롯에게 통보하던 날 롯의 가족은 소돔 성에서 향락을 즐기기에 바빴다. 하나님께서 소돔 성을 심판하시던 날 롯의 아내는 하나님의 경고를 무시하고 뒤를 돌아보다가 소금기둥이 되었고 롯과 두 딸만 겨우 목숨을 건졌다. 굴속에 숨어 살던 두 딸은 아버지와의 불륜을 통해 아들을 낳는 큰 죄를 지었다(창 19:37-38). 한 가정에서 부부의 신앙이 바르지 못할 때 일어날 수 있는 최악의 상황이 롯의 가정에서 벌어진 것이다.

99 믿음의 배우자를 찾아라

"³ 내가 너에게 하늘의 하나님, 땅의 하나님이신 여호와를 가리켜 맹세하게 하노니 너는 내가 거주하는 이 지방 가나안 족속의 딸 중에서 내 아들을 위하여 아내를 택하지 말고 ⁴ 내 고향 내 족속에게로 가서 내 아들 이삭을 위하여 아내를 택하라"(창 24:3-4)

믿음의 가문을 이루는 가장 좋은 방법은 하나님을 경외하는 남자와 여자가 결혼하는 것이다. 아브라함은 아내 사라가 세상을 떠나고 난 뒤 아들 이삭의 결혼에 직접 나섰다. 그는 이삭이 자기 고향의 같은 족속의 여인과 결혼하기를 원했다. 아브라함은 자신에게 복을 주시고 100세에 아들 이삭을 주신 하나님께서 믿음의 며느리도 허락하실 것이라는 믿음을 가지고 있었다.

아브라함은 믿음의 며느리를 맞이하기 위해 많은 투자를 한다. 첫째는 시간 투자다. 그는 자신의 심중을 가장 잘 헤아리는 신실하고 믿음이 좋은 나이 많은 종을 시켜 자기의 친족이 사는 곳으로 가서 며느리를 구하라고 했다. 둘째는 며느리를 위해 많은 선물을 준비했다. 낙타 열 필에 많은 보석을 실어 보냈다. 이는 집에 경제적인 문제가 없음을 알려주기 위한 것이었다. 만약 여자가 함께 오기를 원치 않는다면 아들을 그리로 데리고 가지 말라고 종에게 엄명을 내렸다. 지금 자신이 살고 있는 가나안 지방 사람들은 하나님을 알지 못하기 때문에 결혼시키지 않겠다는 것이었다(창 24:3-4).

하나님께서는 믿음의 가정을 중요하게 생각하는 아브라함에게 좋은 며느리를 허락하셨다. 낯선 남자에게 물을 대접하고 그가 몰고 온 낙타에게도 물을 먹여주는 사랑 많은 여인인 동시에 건강하고 결단성 있는 믿음의 여인을 이삭의 아내로 맞이하게 된 것이다. 믿음의 여인 리브가를 통해 하나님께서 아브라함에게 내리신 축복을 이어가는 믿음의 가문을 이루게 하셨다.

"여호사밧이 부귀와 영광을 크게 떨쳤고 아합 가문과 혼인함으로 인척 관계를 맺었더라"(대하 18:1)

반면 아사 왕의 아들인 여호사밧 왕은 하나님을 알지 못하는 여인을 며느리로 맞이한 결과 하나님께 징계를 받았다. 여호사밧 왕은 처음에는 다윗의 길을 따라 행하며 전심으로 하나님을 섬기고 우상을 제거하고 하나님의 율법을 백성들에게 가르쳤다. 그러나 나라가 안정되고 권력이 강해지자 여호사밧은 악을 행하는 이스라엘 왕 아합의 가문과 혼인을 통해 인척 관계를 맺는 큰 실수를 저질렀다(대하 18:10). 아합 왕의 딸과 결혼한 그의 아들 여호람은 하나님을 섬기지 아니하였다. 그는 여러 명의 동생을 죽였고, 할아버지 아사 왕과 아버지 여호사밧이 걸었던 길을 버리고 아합의 길로 행하는 죄를 범함으로써 징계를 받았다.(대하 21:6, 13-15)

"³또 그들과 혼인하지도 말지니 네 딸을 그들의 아들에게 주지 말 것이요 그들의 딸도 네 며느리로 삼지 말 것은 ⁴그가 네 아들을 유혹하여 그가 여호와를 떠나고 다른 신들을 섬기게 하므로 여호와께서 너희에게 진노하사 갑자기 너희를 멸하실 것임이니라"(신 7:3-4)

결혼을 위한 배우자의 조건은 그 사람의 재물이나 학력, 외모가 아니다. 하나님을 경외하는 지혜로운 자, 슬기로운 자가 만나 결혼하는 것이 최고의 결혼이다. 이는 아브라함이 이삭의 아내를 맞이하기 위한 조건이었으며 이삭이 야곱에게 가르친 배우자의 조건이었다. 하나님을 경외하는 남자와 여자가 만나 가정을 이루는 것이 행복한 결혼이고 동시에 하나님께서 가장 좋아하시는 결혼이기 때문이다.

성장한 손주들의 결혼 조건은 세상의 명예나 물질이 아니며 하나님을 경외하는 신앙이 되어야 한다. 대를 이어 하나님을 경외하는 믿음의 가문을 원한다면 믿음의 배우자를 만나 결혼하는 것이 가장 확실한 방법이다. 하나님을 알지 못하는 사위나 며느리는 우리의 딸과 아들을 여호와로부터 떠나 다른 신들을 섬기게 할 수도 있기 때문이다(신 7:3-4). 믿음의 대를 이어가는 것이 아니라 진노의 자녀가 될 위험이 있다.

"믿지 아니하는 남편이 아내로 말미암아 거룩하게 되고 믿지 아니하는 아내가 남편으로 말미암아 거룩하게 되나니 그렇지 아니하면 너희 자녀도 깨끗하지 못하니라 그러나 이제 거룩하니라"(고전 7:14)

그렇다고 성경에서는 믿지 않는 배우자를 버리거나 이혼하라고 말씀하지 않으신다. 하나님은 이혼하지 말라고 하신다(말 2:16). 하나님이 짝지어 주신 부부는 함부로 헤어지면 안 된다(막 10:9). 믿지 아니하는 아내가 남편을 사랑하거나, 믿지 아니하는 남편이 아내와 살기를 원한다면 버리지 말라고 하신다. 오히려 배우자의 믿음으로 인해 믿지 않는 배우자가 그리스도를 영접하게 되며 자녀들도 믿음으로 살아갈 수 있다고 하신다.(고전 7:12-14)

🙼 자녀는 하나님의 선물이다

"보라 자식들은 여호와의 기업이요 태의 열매는 그의 상급이로다"(시 127:3)

"네 집 안방에 있는 네 아내는 결실한 포도나무 같으니 네 식탁에 둘러 앉은 자식들은 어린 감람나무 같으리로다"(시 128:3)

남자와 여자가 결혼하여 자녀를 낳는 것은 하나님의 축복이다. 자녀는 하나님의 선물이요 상급이다(시 127:3). 자녀를 통해 부모는 영광을 얻는다(시 128:3). 하나님이 보시기에 가장 아름다운 가정은 온 가족이 하나님을 경외하며 섬기는 가정이다.

지혜로운 자녀는 아버지의 훈계를 들으며 어머니의 법을 떠나지 않는다. 부모가 가르쳐주는 하나님의 말씀을 잘 지키는 것은 자녀들에게 아름다운 모자(冠)가 되며, 금목걸이가 된다(잠 1:8-9).

부모는 하나님에게 자녀 양육을 위임받은 인물이다. 자녀를 믿음으로 양육하는 것은 부모의 임무인 동시에 특권이다. 자녀를 양육하면서 얻어지는 행복과 보람은 하나님이 주시는 축복이다. 믿음의 자녀로 인해 부부가 하나가 되고, 하나님의 말씀으로 살아가는 가정이 되어야 한다.

99 자녀에게 믿음을 물려주자

"또 네가 그들의 딸들을 네 아들들의 아내로 삼음으로 그들의 딸들이 그들의 신들을 음란하게 섬기며 네 아들에게 그들의 신들을 음란하게 섬기게 할까 함이라"(출 34:16)

나와 아내는 자녀들이 어릴 때부터 결혼의 중요성에 대해 가르쳤다. 딸과 아들이 고등학교를 졸업하고 집을 떠날 때 배우자 원칙에 대해 말해주었다. 우리 부부가 원하는 사위와 며느리의 조건은 간단하지만 명료하였다. 믿음이 가장 중요한 조건이었다. 배우자의 믿음이 가장 중요하다. 그래야 자녀를 믿음으로 양육하며 믿음의 가문을 이어갈 수 있기 때문이다. 그다음으로는 배우자 부모의 믿음이다. 하나님을 경외하는 부모에게 신앙을 물려받으며 자란 자녀의 믿음은 흔들리지 않으며 자기 자녀에게 믿음을 전해줄 수 있다. 그 외에 다른 조건은 본인들이 정하라고 했다. 지금 딸과 아들은 각자 믿음의 가정을 이루고 신앙생활을 잘하고 있다. 자녀들에게도 믿음을 전해주기 위해 노력하고 있다.

'성경적 손주 양육'이란 주제로 교회에서 강의하다 보면 후손들의 신앙 문제로 상담하는 경우가 많이 생긴다. 예수를 믿지 않는 손주 때문에 가슴이 아프다는 노인들이다. 좋은 대학을 나와 남들이 부러워하는 직장 생활을 하는 사위를 얻었지만, 신앙이 없어 딸 가족이 올바른 신앙생활을 못한다거나, 믿지 않는 며느리 때문에 손주들이 교회에 다니지 않는다고 걱정을 한다. 대대로부터 내려오던 믿음이 손주 세대에서 단절되는 비극을 자신의 노년에 목도하는 괴로움 때문에 눈물이 마를 날이 없다고 한다.

오늘날 기독교인 중에서도 배우자의 신앙에 상관없이 직장이나 재산 등과 같은 조건에 따라 결혼하는 경우가 적지 않다. 게다가 교인 중에도 혼전 동거에 대해 대수롭지 않게 여기는 경향이 늘어나고 있다. 당사자는 물론이고 믿음의 부모들도 신경을 쓰지 않는다.

부모가 신앙을 가진 가정과 그렇지 않은 가정에서 자라난 자녀들이 부모의 신앙을 이어가는 경우에는 차이가 있다. 특히 부부가 함께 예수를 믿으며 신앙생활을 하고 있으면, 자녀를 신실한 믿음으로 양육할 수 있기에 자녀들이 신앙을 성공적으로 물려받을 가능성이 높다. 반면 신앙을 가지지 않은 부모 밑에서 자라나는 아이들이 기독교인으로 살아갈 가능성은 그렇지 않은 경우보다 훨씬 낮다. 만약 종교가 다를 경우 아이들은 어머니의 종교를 더 많이 따르게 된다.

〞불신앙의 대물림을 경계하자

"그가 이스라엘 왕들의 길로 행하여 아합의 집과 같이 하였으니 이는 아합의 딸이 그의 아내가 되었음이라 그가 여호와 보시기에 악을 행하였으나"(대하 21:6)

청소년들이 교회에 나가는 이유는 모태 신앙이거나 가족의 전도를 받아서가 76.5%라는 조사가 있다. 자녀들의 신앙교육에는 어머니의 역할이 매우 중요하다. 어머니가 올바로 신앙생활을 하며 자녀들에게 올바른 신앙을 교육할 때 그 가정에서는 믿음의 세대 계승이 제대로 이루어질 수 있다. 신앙의 성공적인 세대 계승을 원하는 가정에서는 자녀들의 배우자를 구할 때 믿음의 배우자를 얻는 것이 현명한 방법이다.

유다 여호사밧 왕의 맏아들 여호람은 왕위에 오른 후 자기와 피를 나눈 모든 동생들과 방백을 죽이는 악행을 저질렀다. 그는 조상들이 섬기던 하나님을 버렸고, 유다 여러 산에 산당을 세워 예루살렘을 음행하게 만들었다. 심지어 선지자 엘리야가 여호람에게 악행과 죄로 인해 하나님의 징계를 받게 될 것이라고 경고했지만 듣지 않았다. 여호람은 블레셋과 구스의 침공을 받아 막내아들을 제외한 아들과 아내를 탈취당하였으며, 엘리야의 경고대로 중병이 들어 죽었다. 그의 막내아들 아하시야도 하나님의 말씀에 순종하지 않고 아버지의 뒤를 이어 아합의 길을 따랐다. 어머니의 꾐에 빠져 악을 행한 것이다(대하 22:3-4).

"아하시야도 아합의 집 길로 행하였으니 이는 그의 어머니가 꾀어 악을 행하게 하였음이라"(대하 22:3)

유다 왕인 여호람과 그의 아들 아하시야가 이스라엘의 악한 왕인 아합의 길을 걷게 된 것은 여호람이 이스라엘의 아합 왕의 딸인 아달랴와 결혼하였기 때문이다. 여호람은 아내 아달랴의 영향을 받았고 (대하 21:6), 여호람의 아들 아하시야는 어머니의 꾐에 빠져 하나님을 버리고 악한 길을 걸었다(대하 22:3). 다윗의 길을 따르지 아니하고 여로보암의 길을 걸었던 오므리와 그의 아들 아합, 악한 아합의 길을 걸었던 아합의 사위 여호람, 아합의 외손자 아하시야는 결혼의 중요성을 단적으로 말해주고 있다.